D0584852

THE EVERYTHING® LARGE-PRINT WORD SEARCH BOOK

VOLUME 7

Dear Reader,

Turn your spare time into quality time. That's what this book can do. Word search puzzles are perfect for those times when you're waiting for an appointment or need to take a break. These puzzles are quick and fun, never overbearing or boring. They're a nice way to exercise our brains and keep them sharp. Stress melts away as we focus on the absorbing challenge of finding the words.

It was a pleasure creating this book for you. I had fun dreaming up a theme for each puzzle. There is a wide range of topics—hopefully you will find them entertaining. I learned some new words as I made these puzzles. Perhaps your vocabulary will also be expanded. As you can see, we printed this book in large letters. This makes the solving more pleasant. No eyestrain required!

So keep this book handy. It's a great way to fill an extra moment or two. Happy searching!

Charles Timmerman

adamsmedia
Adams Media
An Imprint of Simon & Schuster, Inc.
100 Technology Center Drive
Stoughton, MA 020722

Copyright © 2013 by Simon & Schuster, Inc.
An Everything® Series Book.
Everything® and everything.com® are registered trademarks of
Simon & Schuster, Inc.

All rights reserved, including the right to reproduce this book or portions thereof in any form whatsoever. For information address Adams Media Subsidiary Rights Department, 1230 Avenue of the Americas, New York, NY 10020.

ADAMS MEDIA and colophon are trademarks of Simon and Schuster.

For information about special discounts for bulk purchases, please contact Simon & Schuster Special Sales at 1-866-506-1949 or business@simonandschuster.com.

The Simon & Schuster Speakers Bureau can bring authors to your live event. For more information or to book an event contact the Simon & Schuster Speakers Bureau at 1-866-248-3049 or visit our website at www.simonspeakers.com.

Manufactured in the United States of America

17 2023

ISBN 978-1-4405-6681-3

Many of the designations used by manufacturers and sellers to distinguish their products are claimed as trademarks. Where those designations appear in this book and Simon & Schuster, Inc. was aware of a trademark claim, the designations have been printed with initial capital letters.

HB 11.29.2023 1132

Dedicated to Suzanne, Calla, and Meryl.

Acknowledgments

I would like to thank each and every one of the more than half a million people who have visited my website, *www.funster.com*, to play word games and puzzles. You have shown me how much fun puzzles can be and how addictive they can become!

It is a pleasure to acknowledge the folks at Adams Media who made this book possible. I particularly want to thank my editor, Lisa Laing, for so skillfully managing the many projects we have worked on together.

Contents

Introduction / 9

Puzzles / 11

Answers / 299

Introduction

The puzzles in this book are in the traditional word search format. Words in the list are hidden in the puzzle in any direction: up, down, forward, backward, or diagonal. The words are always found in a straight line and letters are never skipped. Words can overlap. For example, the two letters at the end of the word "MAST" could be used as the start of the word "STERN." Only uppercased letters are used, and any spaces in an entry are removed. For example, "TROPICAL FISH" would be found in the puzzle as "TROPICALFISH." Apostrophes and hyphens are also omitted in the puzzles. Draw a circle around each word that you find. Then cross the word off the list so that you will always know which words remain to be found.

A favorite strategy is to look for the first letter in a word, then see if the second letter is in any of the neighboring letters, and so on until the word is found. Or instead of searching for the first letter in a word, it is sometimes easier to look for letters that stand out, like *Q*, *U*, *X*, and *Z*. Double letters in a word will also stand out and be easier to find. Another strategy is to simply scan each row, column, and diagonal looking for any words.

Puzzles

ACTIVE
BABIES
BARK
BREED
CHEW
CLUMSY
COLLAR
CUDDLY
CUTE
DOGS
ENERGY
FETCH
FLUFFY
FUN
HAPPY
HUNGRY
JUMP
KENNEL
KISSES
LEASH
LICKS
LITTER
LIVELY
LOVING
MESSY
ORNERY
PLUMP
ROLL
RUN
SILLY
SLEEPY
SMALL
SOFT
SWEET
TEETH
TOYS
TRAIN
WARM
YIP
YOUNG

Puppies

A O L R M B M T W F T F O S
W B I T V Y P P A H C T E F
O F S T O Y S I L L Y S Q Q
D Y L D D U C P Y S S E M F
O W G N I V O L M I T J L J
G Y L E V I L U K P M U L P
S U A M C K L Z W E F U R F
K E V I T C A A K F N Q U H
C V I E N E R G Y R G N U H
I I E B N M N D R L F W E S
L T H P A U B W E H C T P L
H L R L O B R A N E U R I E
O L A Y P S S I R C R T Y E
T O F M K H A K O L T B Q P
A R U I S R M T E E W S V Y
M J V H T T B A R K N N W X

Solution on Page 300

ADORABLE
ALLURE
ARTISTIC
BEAMING
BEEFCAKE
BLUSH
BRIDE
CATWALK
CHIC
CLASS
CLEAN
DOLL
DRESS
ELEGANT
EYES
FACE
FAIR
FASHION
FORM
GLAMOUR
GORGEOUS
GRACE
LOVELY
MAIDEN
MAKEUP
MIRROR
MODEL
NEAT
PAGEANT
PALETTE
POSE
PRETTY
PURE
RUNWAY
SALON
SLEEK
SMART
SMILE
SOFT
SUBLIME

So Beautiful

Y	E	T	R	A	M	S	M	A	I	D	E	N	T
E	T	D	N	S	L	I	L	R	B	G	O	P	Q
S	T	T	I	E	U	L	R	C	U	I	M	U	D
O	E	F	E	R	U	O	B	R	H	N	S	E	R
P	L	K	O	R	B	H	E	S	O	I	W	K	P
U	A	G	E	S	P	M	A	G	F	R	C	A	T
R	P	G	L	Y	T	F	M	A	R	U	D	M	Y
E	Y	L	E	V	O	L	I	E	A	O	W	R	J
S	B	L	G	A	Q	R	N	C	R	M	G	O	T
S	G	O	A	G	N	Z	G	A	T	A	H	F	N
E	S	D	N	E	A	T	B	R	I	L	S	H	O
R	C	A	T	W	A	L	K	G	S	G	U	F	L
D	S	L	L	L	E	D	O	M	T	H	L	Z	A
A	T	E	E	C	A	F	E	M	I	L	B	U	S
E	O	B	Y	A	S	E	K	A	C	F	E	E	B
S	M	I	L	E	N	V	T	P	F	D	H	R	Z

Solution on Page 300

ANTIQUE
ART
BASKET
BLANKET
BOOTH
BROWSE
BUY
CLOTHING
COLLECT
CRAFTS
CROWD
DEALS
EATING
EVENTS
EXPLORE
FAMILY
FOOD
FUN
HAGGLE
HANDMADE
JEWELRY
JUNK
NEW
OUTDOORS
PRICE
RETRO
SALES
SELL
SHOP
SIT
STALL
STROLL
TOYS
TRADE
UNIQUE
USED
VAN
VENDOR
VINTAGE
WALK

Swap Meet

C L K S Z M J U F B Y Y U B
R G L L T E O E R L O U R H
W T P A W N L J O D W O R C
H S R E T G E L D R W A T L
D T L D G S U V N S T F L H
L R W A B A S K E T I E T K
Y O H M D T T U V O S V R Q
T L F D E F U N U Q M T A L
U L A N S A N T I Q U E D N
X N M A U A D T Y V E K E H
G N I H T O L C E X C N E W
N X L Q O J O E P T I A Z T
I D Y R U B P L S N R L E D
T R S N I E O L L T P B O Z
A M K B M R H O N S Y O T P
E E H Y E B S C R A F T S D

Solution on Page 300

ACORN
BAMBOO
BATS
CHARM
CLOVER
COIN
CRICKETS
DICE
DOG
DRAGONS
ELEPHANTS
EYELASH
FEATHER
FOUNTAIN
HEIRLOOMS
HORSESHOE
IRISH
JERSEY
KEEPSAKES
KISS
NUMBER
PENNY
RAINBOW
SCARABS
SEVEN
SHIRT
SOCKS
STAR
STONE
SUPERSTITION
TIGERS
TOKEN
TORTOISES
TROLL
TURTLE
UNDERWEAR
UNICORN
WELL
WINNER
WISHBONE

Lucky Things

W C G D I C E L T R U T N L
O O B M A B R H S I R I L I
B C R I C K E T S Q G O O Y
N G U N D E R W E A R E N N
I T O K E N P I K T O N R F
A X Q D Y C J N A H E O C S
R E H T A E F N S P C B O E
S F S E S S S E P A N H I V
N O I T I T S R E P U S N E
O U S R A R N I E S M I R N
G N O I O R L A K J B W O O
A T C H A R M O H C E E C T
R A K S T A B G O P R L I S
D I S C A R A B S M E L N N
A N T O R T O I S E S L U Q
C L O V E R H S A L E Y E T

Solution on Page 300

ABILITY
ACTION
AUTHORITY
BOSS
BUSINESS
CAPTAIN
CEO
CHARISMA
CHIEF
COACH
COMMAND
COURAGE
DECISIONS
DIRECTOR
FEEDBACK
FOLLOW
GOAL
GROUP
GUIDE
HEAD
KING
LEADER
MANAGER
MENTOR
PEOPLE
PLAN
POLITICS
POSITION
POWER
RESPECT
ROLE
STATUS
STRENGTH
STRONG
STYLE
TEAM
TRAITS
TRUST
VALUES
VISION

Be a Leader

T P U O R G L S Y M N E D T
R R R E S P E C T O S Q N L
N E A C T I O N I A T P A C
A E W I V S D T L M R C M O
L L H O T V I S I A O H M U
P P U Y P S R C B E N A O R
W O L L O F E I A T G R C A
V E B P G S C T D R N I O G
A P X U U N T I A U I S A E
L K I T S O O L E S K M C M
U D A Y T I R O H T U A H A
E T K G J S N P R O T N E M
S N O I S I V E R E D A E L
E F E I H C B O S S V G L A
D H T G N E R T S S C E O O
X K C A B D E E F K K R R G

Solution on Page 301

ASSESSMENTS
BOOKS
CALENDAR
COFFEE
COLLEGE
CONCENTRATE
CONSTANT
CRAM
EAT
ENERGY
GROUP
GUIDE
HOMEWORK
INTERNET
LECTURES
LIBRARY
MEMORIZE
METHOD
MNEMONICS
OUTLINE
PRACTICE
PREPARE
PRETEST
QUIZ
RECALL
REMEMBER
REVIEWS
SCHEDULE
SCHOOL
SLEEP
SNACKS
SOFT MUSIC
STRATEGY
STUDY
TAPES
TASK LIST
TUTOR
VISUAL

Studying

P M E T H O D B O O K S T E
S E Y G Y R S W E I V E R U
C M E L U G H E C S T U D Y
H O O L A H E O R O T U T R
E R N U S O F T M U S I C A
D I T C S F R G A E T F E R
U Z E A E K S E R R W C N B
L E N E S N C E C O T O E I
E G R D S K T A P A U S R L
N E E I M A L R N A L P G K
I L T U E E A I A S T L Y S
L L N G N C O N S T A N T C
T O I D T J T S E T E R P H
U C A I S C I N O M E N M O
O R C V I S U A L Z I U Q O
R E B M E M E R A P E R P L

Solution on Page 301

ALBUMS
ANTIQUES
BEAMS
BOXES
BUGS
CARDBOARD
CHEST
CLOTHES
COBWEBS
DARK
DRESSER
DUST
FURNITURE
GARMENTS
GHOSTS
HEAT
HEIRLOOMS
HISTORY
INSECTS
INSULATION
JUNK
LADDER
LOFT
LUGGAGE
MEMORIES
MILDEW
MOTHBALLS
MOUSETRAP
RAFTERS
RECORDS
SKELETONS
SQUIRRELS
STORAGE
SUITCASE
TOYS
TREASURES
TRUNK
WINDOW

Storage Area

T O Y S B E W B O C H E S T
M K L U S O G A R M E N T S
S Q U I R R E L S I L O F T
E W G T E S M O O L R I E H
U O G C T F A B P D B T C S
Q D A A F U M U S E Y A L D
I N G S A R O G M W R L O R
T I E E R N T S U D O U T O
N W G I K I H N B R T S H C
A M A R N T B O L E S N E E
B G R O U U A T A S I I S R
O H O M J R L E Q S H R M E
X O T E D E L L H E K R A D
E S S M O U S E T R A P E D
S T C E S N I K N U R T B A
C S G S E R U S A E R T M L

Solution on Page 301

BLENDER
BOWL
BROILER
BURNER
CAN OPENER
CHEESECLOTH
CHOPPER
CLEAVER
COFFEEMAKER
COLANDER
CORKSCREW
CUP
FORK
FRYING PAN
GRATER
GRILL
KNIFE
LADLE
MASHER
MEASURE
MICROWAVE
MIXER
OVEN
PEPPERMILL
PIE TIN
POTS
SAUCEPAN
SCALE
SERVER
SHEARS
SKILLET
SPATULA
SPOON
STRAINER
THERMOMETER
TIMER
TOASTER
UTENSIL
WHISK

Food Prep Items

X L W O B K U R E D N E L B
S H E A R S T E L L I K S T
L L T C O I L N I T E I P I
L L O O I H I I C H L H N M
I I A L L W S A O E D K A E
R M S A E C N R F R A B P R
G R T N R O E T F M L C E E
R E E D P O T S E O G O C L
A P R E N R U B E M R R U A
T P N R E H S A M E C K A C
E E S P A T U L A T H S S S
R P U C E F I N K E O C E P
M I C R O W A V E R P R R O
M N A P G N I Y R F P E V O
R E X I M E A S U R E W E N
O V E N C L E A V E R Y R C

Solution on Page 301

ARM
ASCENT
ASTRONAUT
BLAST
BOOSTER
COCKPIT
COLUMBIA
CONTROLS
COUNTDOWN
CREW
DETACH
DISCOVERY
ENGINE
EXTERNAL
FIRE
FLIGHT
GRAVITY
HOUSTON
ICE
IGNITION
KENNEDY
LAND
LAUNCH
METEOR
MISSION
MODULE
NASA
NOSE
ORBIT
OXYGEN
PAYLOAD
PROBES
ROCKET
SCIENCE
SHIELD
SPACE
TAIL
TANKS
THRUST
WINGS

The Space Shuttle

T A N K S D N A L A U N C H
D L E I H S I M E T E O R E
W T G A S T R O N A U T N C
I I Y D E N N E K N P I O A
N B X A X Y V C T A G C I P
G R O O T B T D O N S B T S
S O Z L E M O I E C M A I K
E C I Y R W V S V U K J N H
R K B A N E H C L A F P G C
T E E P A C O O O M R I I A
P T L T L N C V U I G G R T
R H U H T E R E T S O O B E
O G D R S I E R A S T X S D
B I O U A C W Y I I T O N F
E L M S L S N V L O N Z N G
S F L T B A S C E N T X F I

Solution on Page 302

ACOUSTIC
AIR
ALARM
AMPLITUDE
BOOM
BUZZ
CLAP
CRASH
DECIBEL
DIN
EAR
ECHO
ENERGY
FREQUENCY
INTENSITY
LEVEL
LISTEN
LOW
MUSIC
NOISE
PHYSICS
PIANO
PITCH
PRESSURE
RING
SENSE
SILENCE
SINGING
SOFT
SONG
STATIC
STEREO
TALKING
THUNDER
TONE
TRANSMIT
VOICE
VOLUME
WAVE
YELLING

Hear It

Y	A	J	E	S	I	O	N	K	Y	J	F	E	K
C	W	H	C	T	I	P	R	C	I	S	U	M	V
N	A	H	O	A	C	O	U	S	T	I	C	N	M
E	V	N	G	T	P	T	W	N	N	N	P	O	N
U	E	Q	N	I	R	R	V	T	T	G	G	E	G
Q	V	O	I	C	E	A	E	A	R	I	O	R	Y
E	Y	Z	K	Z	S	N	T	H	U	N	D	E	R
R	D	Z	L	S	S	S	O	E	A	G	L	T	I
F	I	U	A	I	U	M	R	I	C	L	P	S	A
L	N	B	T	D	R	I	P	N	I	H	A	Z	Q
O	E	Y	T	I	E	T	H	N	Y	J	O	R	K
W	R	V	S	N	L	C	G	S	E	N	S	E	M
R	I	O	E	P	P	P	I	P	A	T	O	O	O
N	N	R	F	L	A	C	M	B	D	R	S	S	O
G	G	T	F	O	S	L	C	A	E	G	C	I	B
Y	V	O	L	U	M	E	C	N	E	L	I	S	L

Solution on Page 302

ARROWS
BALLOONS
BE MINE
BOUQUETS
CAKE
CANDY
CARDS
CHOCOLATE
CONFETTI
COOKIE
CRUSHES
CUPS
DOILIES
EXCHANGE
FAMILY
FAVORS
FESTIVE
FLOWERS
FOOD
FORKS
FRIEND
FUN
GAMES
GARLAND
GIFT
HEART
HUGS
KISSES
LOVE
NAPKINS
PINK
PLATES
PRIZES
RED
RIBBON
ROMANCE
ROSES
SPOONS
SWEETS
WHITE

Valentine's Day Party

P B C U P S R E W O L F D S
H M O S W E E T S K A O S R
U R N U J H N A P K I N S O
G I F T Q S E T A L P Y D V
S X E E A U B R I B B O N A
D O T K H R E E V I T S E F
T K T A D C S T M R L T I A
P M I C N A C A S I I R R M
L I M O A R L L Y H N A F I
P E N O L D E O W D R E D L
D V S K R S C C F U N H O Y
Z O P I A S N O O L L A B F
Y L O E G N A H C X E H C O
N Y O F B Z M C X S E S O R
Q X N A R R O W S E S S I K
V M S E Z I R P K G A M E S

Solution on Page 302

AIDE
BILL
BUDGET
CAPITOL
CAUCUS
CHAMBER
CHECKS
CHIEF
COUNT
DEFICIT
DISTRICT
ELECTION
ENACT
FEDERAL
FLOOR
HEARING
HOPPER
HOUSE
IMMUNITY
JOINT
LAW
LOBBY
MAJORITY
MEETING
MEMBERS
MINORITY
MOTION
OFFICERS
PETITION
POWER
RECESS
SESSION
SPEAKER
STATES
TABLE
TALLY
TERM
VETO
VOTE
WHIP

U.S. Congress

R R O O L F F U C A U C U S
E F S P E A K E R X M A V T
C H E C K S R I H O P P E R
E M R E W O P E T I T I O N
S E S S I O N I D C V T H L
S E G E S U O H I E T O V O
W T N N P N B R C C F L K B
H I I A N Y T I N U M M I B
I N R C O S S E L B A T S Y
P G A T I S S R R L J N T L
L C E D T F R A E M O I A L
D O H T C F E I H C R O T A
B U D G E T B D P O I J E T
E N N Y L V M E N B T F S G
H T U A E A E I T W Y X F E
N J W R E B M A H C V E T O

Solution on Page 302

ADORE
BOND
BOYFRIEND
CANDLES
CHARM
CHERISHED
COURT
DANCING
DATE
DEVOTION
DIAMONDS
DINING
DOTING
DOVES
EMBRACE
EMOTIONS
ENAMORED
FEELINGS
FLIRT
FLOWERS
GIFTS
HEARTS
HUG
INTRIGUE
KISS
LOVE
MUSIC
PASSION
POEMS
PROPOSE
ROSES
SERENADE
SMILES
STARS
TOUCH
TRAVEL
UNITED
WINE
WOO
YEARNING

Amorous

E P M Q Z Z K I S S R A T S
T R U D G N I T O D O V E S
A O S I F L O W E R S S M G
D P I N N R D I A M O N D S
A O C I D T K S T R A E H E
N S D N E I R F Y O B R B R
C E T G H F L I R T V D O E
I P A S S I O N G E L E N N
N S N O I T O M E U R R D A
G N I N R A E Y S M E O P D
P L O V E C A R B M E M D E
T O U C H Q S E L D N A C A
M R A H C U Z D E T I N U W
S E L I M S G N I L E E F H
E N I W O O L E V A R T Y X
X U M C O U R T S T F I G R

Solution on Page 303

ANCIENT
BIRDS
BONES
CARNIVORE
CAVE
CREATURES
DIG
DRAWINGS
DWELLING
EVIDENCE
EVOLVED
EXTINCT
FIRE
FOSSIL
GATHERER
HERBIVORE
HUNTER
ICE
IRON AGE
LIFESTYLE
MAMMOTH
MASTODON
NATIVES
OMNIVORE
PREDATORS
PRIMITIVE
RAPTOR
REPTILES
SANDAL
SITE
SKELETON
SPEARS
STONE AGE
SURVIVAL
TEETH
TRAP
TRIBES
VOLCANO

Prehistoric

A P T M H T N E I C N A F X
S U R V I V A L A Q L W I R
P I I I Z H E R B I V O R E
E R B N M G N S H U N T E R
A O E O L I F E S T Y L E E
R N S D V F T V B O N E S H
S A E O Z O H I W E G I D T
E G R T L S K T V A D O G A
L E U S A S G A E E R M N G
I P T A D I C N V E O N I H
T A A M N L O L I B T I L T
P R E D A T O R S W P V L O
E T R E S V S I T E A O E M
R E C N E D I V E P R R W M
B I R D S T C N I T X E D A
V O L C A N O T E L E K S M

Solution on Page 303

ADS
BLOG
BROWSE
CHAT
CODE
COOKIE
DATA
DOMAIN
E MAIL
EMBED
ENTER
FAST
FLASH
GAMES
GLOBAL
IMAGES
JAVA
LINKS
MEDIA
MUSIC
NEWS
PLAY
PUBLIC
QUICK
ROUTER
SCREEN
SEARCH
SERVER
SHOP
SITE
SOCIAL
SPAM
SPEED
STREAM
URL
USERS
VIDEO
VIEW
WEB
WORK

The Internet

I G N F E D O C H A T U X O
U X O H B S K C I U Q Q J Y
F T E L S D R X S E N T E R
U S D N B A G E M A I L R U
Z A I D E M L B V P A W E B
A F V S O A E F S R E S U C
L Y Q M C D J D L I E H A I
V J A P A R E S V A R S J M
K G A L B E E R K M I U A A
L W T V P M R E G N U C J G
S G Y S A A C T N N I S O E
D J W G J L I U S I I L I S
R E O S A G L O B A L K E C
N T R P H S B R O M O Y X X
Z I K A A O U B R O W S E U
G S X M L K P X C D A T A D

Solution on Page 303

ATTACK
BABBLE
BLAB
BUZZ
CHATTY
COLUMN
DIRT
DISCUSS
EARFUL
FALSE
FRIENDS
GAB
HEARSAY
HURTFUL
IDLE
INJURY
INTIMATE
JUICY
LIES
MEAN
NEWS
PHONE
PRATTLE
PRIVATE
REPORT
RUMOR
SCANDAL
SECRET
SLANDER
SOCIAL
SOURCE
SPREAD
STORY
TABLOID
TALK
TATTLE
TRUE
UNKIND
VICIOUS
WHISPER

Gossip

B P R W C J R E D Z M H S L
W A T H K O N O I Z J W U X
G T E I I O L Y R U J N I E
R G R S H T X U T B A G S Y
Z R C P U R F A M T N L D R
P F E E R O R E D N A L S O
R E S R T P I S U F E H P T
A L B S F E E C O R M T C S
T T K A U R N U I U T A P S
T T H L L C D P N V R R O K
L A E B A B S R J K E C C L
E T A M I T N I W A I A E S
L S R O M U R V D A T N E O
D W S C A N D A L T E I D E
I E A R F U L T A B L O I D
N N Y C I U J E L B B A B I

Solution on Page 303

ART
BATIK
BEADS
BRACELETS
BUTTONS
CANDLES
CERAMIC
CLAY
CLOTH
COLOR
CRAYONS
CREATE
CROCHET
DOVETAIL
DRAWING
EMBROIDER
FABRIC
FUN
GLITTER
GLUE
KNITTING
LAMINATE
ORIGAMI
ORNAMENTS
PAINT
PAPER
PENCIL
POTTERY
PROJECT
PUZZLE
QUILT
RIBBONS
SCISSORS
SEW
STAIN
STENCILS
STRING
TAPE
WEFT
WREATHS

Crafty

D T G L I T T E R W S H T L
Y E O A I B P E P S N S Q S
A H R M N A E T T C O N H E
L C I I T S T A K I Y O M L
C O G N F T I E D S A B P D
T R A A E N B R V S R B E N
Q C M T W E R C W O C I N A
B U I E R M A Q I R D R C C
R S I M E A C D S S G E I I
Y T T L A N E Q L N N L L R
F R C K T R L W I O I Z G B
R I E I H O E T C T W Z L A
O N J T S S T C N T A U U F
L G O A T I S I E U R P E U
O L R B N O A T T B D B W N
C S P K H P P E S R E P A P

Solution on Page 304

ARBITER
ATHLETES
AUTHORITY
BASEBALL
BASKETBALL
BOXING
CALL
CARD
COACHES
DECISIONS
DISCIPLINE
EJECTION
ENFORCE
FAIR
FAULT
FIELD
FINAL
FLAG
FOOTBALL
HOCKEY
JUDGE
LINESMAN
NEUTRAL
OFFICIAL
ORDER
PENALTY
PLAY
SOCCER
SOFTBALL
STRIPES
SUSPEND
TEAM
TENNIS
UNBIASED
UNION
WARNINGS
WHITE
YELLOW

Referee

T S O F T B A L L D L B Z M
E S G N I N R A W I A U L H
N D E C I S I O N S U N L O
N G L L A C T E K C T I A C
I N E L I E S E F I H O B K
S I F F A M T I I P O N E E
E X F M A B N W E L R R S Y
P O A N A A H X L I I E A U
I B U L L I Q A D N T T B F
R L L F T S B N O E Y I S L
T O T E O T E I L A Y B Q A
S R X C O P T H L R E R G R
C D C O S C T P C I L A T T
A E F U E A P E N A L T Y U
R R S J U D G E N F O R C E
D D E S A I B N U W W C Y N

Solution on Page 304

AFTERLIFE
BOO
CASPER
CHAINS
COLD
DEAD
DECEASED
DEPARTED
ENERGY
EVIL
FEAR
FRIENDLY
FRIGHT
HAUNT
HOUSE
HUNTING
INHABIT
LEGENDS
MAGIC
MEDIUM
MOVIE
MYTH
NIGHT
ORB
PEOPLE
PHANTOM
RAP
REAL
RESTLESS
RETURN
SENSE
SHADOW
SHEET
SOUL
SPIRIT
SPOOK
VISIBLE
WHITE
WIND
WITCH

Spooky Spirits

A J Q P C V I S I B L E R A
Q O J I I D W O D A H S M E
W I N D N S L O K N R D O S
I M P K H S H O U S E J V E
O E H U A E Y B C C P G I V
S S A B B L I L E H S T E I
P N N F I T W A D D A E D L
O E T T T S S X B N C I E U
O S O Y D E T R A P E D N O
K M M P D R R R T I R I P S
O M T R L V Z L E X E O R B
O W E F A E G N I T N U H F
U I E D L E E T I F U D A W
V T H G I R F H L A E R U R
P C S C G U W I T H G I N R
M H T Y M L M A G I C A T F

Solution on Page 304

ALLERGY
ANTIBIOTIC
APPOINTMENT
BANDAGE
BLEEDING
BLOOD TEST
BROKEN BONE
CAST
CHART
CHECKUP
COLD
COTTON BALLS
DIZZY
DRY COUGH
EXAM
FLU
HEART
HIVES
HOSPITAL
INSURANCE
MAGAZINES
MEDICINE
NURSE
PATHOLOGY
PATIENT
PREGNANT
SCALE
SICK
STETHOSCOPE
STITCHES
TEMPERATURE
TRAUMA
TREATMENT
VIRUS
WHITE COAT

Visit a Physician

W B T N A N G E R P M A X E
E L A C S P U K C E H C W O
H O S P I T A L T R A E H P
C O T T O N B A L L S P I A
I D N R T R E A T M E N T T
T T E N O B N E K O R B E H
O E M S E N I Z A G A M C O
I S T E T H O S C O P E O L
B T N E N I C I D E M C A O
I R I S I C K Y R G P N T G
T A O R U T G A Y A A A R Y
N H P U R R T H C D T R A Z
A C P N E U I O O N I U U Z
F K A L R V L V U A E S M I
L B L E E D I N G B N N A D
U A T S A C S E H C T I T S

Solution on Page 304

ACTIVITY
AID
ALTRUISM
ASSIST
BUILDING
CARE
CAUSE
CHARITY
CHURCH
COACH
COUNSEL
DISASTER
DONATE
DRIVE
FEEDING
FREE
FUN
GIVE
GOOD
GROUP
HELP
HOURS
IMPROVE
KINDNESS
LABOR
MEDICAL
MISSION
MORAL
NEED
NGOS
OFFER
PTA
SCHOOL
SERVICE
SKILLS
SOCIAL
SUPPORT
TIME
VALUE
WORK

Volunteer

H X W U V A L U E M I T K N
K S L A B O R E E T A N O D
C O A C H T O E L O O H C S
W G C A M D V P W I D S C J
O N I R C O U N S E L D H C
R S D E R T B S E R V I C E
K L E P M S I U R T L A R V
R L M O T M S V I D W P U I
I I P G C A G E I L T E H R
Z K D N R H C S N T D V C D
C S O I A O A M U D Y I F O
O O H D N S U R O P N G N O
C C O E T E S P I R P I D G
C I U E N E E I L T A O K W
I A R F U R S D S E Y L R F
T L S O F F E R N T H U B T

Solution on Page 305

BABY
BALLET
BOOTS
BROGUES
BUY
CASUAL
CLEATS
CLOGS
DRESS
FABRIC
FANCY
FLATS
FLIP FLOPS
GALOSHES
GOLF
HEEL
LEATHER
LOAFERS
MOCCASIN
MULES
NEW
OXFORD
PAIR
PLATFORMS
PUMPS
PURCHASE
RACK
RUNNING
SANDALS
SHOP
SLIDES
SLIPPERS
SOLES
TENNIS
THONGS
TIE
TRAINING
TRY ON
WEAR

More Shoes

Q	N	Q	C	E	W	E	A	R	G	P	F	S	G
F	T	S	T	A	L	F	F	T	N	L	E	E	H
O	O	B	E	T	R	A	I	N	I	N	G	C	G
T	Q	A	N	D	B	E	O	P	N	R	A	O	S
M	B	B	N	R	P	Y	F	T	N	S	L	R	E
S	U	Y	I	M	R	L	S	J	U	F	E	S	L
Q	Y	C	S	T	O	L	A	A	R	F	A	O	U
B	P	N	R	P	I	C	L	T	A	C	T	L	M
B	O	A	S	D	E	S	C	O	F	V	H	E	G
O	H	F	E	W	B	T	L	A	B	O	E	S	A
O	S	S	U	F	D	A	K	A	S	U	R	P	L
T	V	G	G	R	T	E	L	C	D	I	Y	M	O
S	G	N	O	H	T	L	P	X	A	N	N	U	S
K	E	F	R	L	E	C	V	P	G	R	A	P	H
W	X	F	B	T	C	P	U	R	C	H	A	S	E
O	U	D	R	E	S	S	R	E	P	P	I	L	S

Solution on Page 305

APPLE
ARROW
BALL
BUTTON
CABLE
CLICK
COMPUTER
CORD
CURSOR
DESKTOP
DEVICE
DISPLAY
DRAG
GAMING
GRAPHIC
GUI
HAND
HARDWARE
HOVER
INFRARED
INPUT
LAPTOP
LASER
LIGHT
MONITOR
MOTION
MOVE
OPTICAL
PAD
POINT
REMOTE
ROLL
SELECT
SENSOR
SMALL
TRACK
USB
WHEEL
WIRE
ZOOM

Computer Mice

L I D N A H A R D W A R E U
I N F R A R E D E S K T O P
G P L C J T I D N S M M S I
H U M A U S S E N S O R Z A
T T S P P R E Q P T O B S E
M O M L B T S T I Q Z O S B
H O A D K P O O O C L E F U
C Y N C N G N P R M L L A B
D I A I A O A D Q E E I O B
M R H P T Q T M C C C R C R
T O O P P O P T I C A L U K
D X V C A L R V U N X B L M
H O V E R R E K E B G F L N
L A S E R D G A R D U Q A E
R D A P O I N T I D I I M A
L E E H W K L M W F B Y S R

Solution on Page 305

ACE
ADVANTAGE
BAG
BOUNCE
CHAIR
COURT
DOUBLE
FAULT
FOREHAND
GAME
GRIP
HIT
LOB
MATCH
NET
OVERHAND
PLAY
POINT
QUALIFIER
RECEIVER
REFEREE
RETURN
SCORE
SET
SHOES
SINGLE
SKIRT
SLAM
SLICE
SOCKS
SPIN
STRINGS
STROKE
TOURNAMENT
TRAINING AIDS
VOLLEY

Playing Tennis

M C F F F G L K H G F A V X
X N A S D X N O D D W N E T
F Z L E C N U O B O I Z V R
T A P L A Y A N R U T E R I
M R U S E T R H E B M T H K
Q U A L I F I E R L N O C S
Y R L I T E O E V E G U H H
W O E N N N G R M I V N A O
V I I F H I T A E A E O I E
T O V S E F N E T H G C R S
P R D T U R S G C N A A E S
I R U R U O E T A I A N C R
R E R O C S A E S I L V D L
G C T K C M A Y P Z D S D B
V A S E O S T R I N G S S A
Y B C L X F S Z N J X G L G

Solution on Page 305

ACADEMY
ACHIEVEMENT
BADGE
BEAUTY
BEST
CALDECOTT
CEREMONY
CHAMPION
CUP
EARN
EMMY
ENGRAVED
EXCELLENCE
GOLD
GRAMMY
HEISMAN
HONOR
LOMBARDI
MEDAL
MERLIN
MVP
NOBEL
OSCAR
PINS
PLAQUE
PRESTIGE
PRIZE
PULITZER
RECIPIENT
RESPECT
RIBBON
SAG
SILVER
SPORTS
STATUE
SUCCESS
TITLE
TROPHY
VICTORY
WIN

Awards

G K R E V L I S T A T U E N
K D E Z I R P S Y H P O R T
C W G H C N E U F W A A T N
U F I O T B A Q G C E O A E
P V T N O I P M A H C C G I
U P S O R A L D S E H D Y P
L X E R Y E E K D I A N L I
I D R A B M O L E B E A E C
T F P O Y L A V I Q D H D E
Z S N E X C E L L E N C E R
E S G R A M M Y M D I A V I
R E S P E C T T I T L E A B
A C Y N O M E R E C R O R B
C C T L I P L A Q U E C G O
S U N M V P F Q Y M M E N N
O S T R O P S C Y T U A E B

Solution on Page 306

AIRPORT
BARN
BOAT
BRIDGE
BUS
CAMEL
CANYON
CASTLE
CITY
CLOUD
COUNTRY
EARTH
ESTATE
FACTORY
FERRY
FIELD
FOREST
GALAXY
GIANT
GIRAFFE
HOTEL
JET
MALL
MOON
MOTEL
OCEAN
RHINO
SEA
SHARK
SHIP
SPACE
SUN
TOWER
TRAIN
TREE
TRUCK
VALLEY
WHALE
WORLD
YACHT

Large Things

Y	W	O	R	L	D	L	E	I	F	P	R	R	J
C	K	Y	N	I	A	R	T	F	V	C	S	U	B
K	F	Q	W	Z	N	O	O	M	F	E	A	R	J
Y	R	E	C	A	P	S	W	V	A	A	I	Y	O
L	L	A	R	S	N	A	E	C	O	D	R	T	A
O	N	I	H	R	O	K	R	G	G	T	P	I	M
P	H	I	I	S	Y	V	C	E	N	T	O	C	G
W	P	O	U	W	N	R	W	U	S	O	R	S	I
H	G	N	T	R	A	L	O	E	R	O	T	Z	A
S	H	D	A	E	C	C	R	T	A	T	K	E	N
R	Q	B	T	A	L	O	R	A	C	R	S	L	T
L	L	A	M	O	F	E	R	T	A	A	T	A	A
D	U	E	U	O	E	M	H	S	S	F	F	H	O
K	L	D	I	X	T	C	K	E	T	E	J	W	B
X	T	Z	F	P	A	E	G	A	L	A	X	Y	G
P	Y	V	E	Y	V	A	L	L	E	Y	Z	M	S

Solution on Page 306

CALYPSO
CLASS
CLOG
COSTUME
COUNT
DUET
ENERGY
EXERCISE
FITNESS
FLAMENCO
FOLK
FORM
FRIENDS
FUN
GRACE
GROUP
JAZZ
LATIN
LEAP
MIRROR
MOVEMENT
MUSIC
PAIRS
POISE
POSTURE
RHYTHM
ROUTINE
SALSA
SOLO
SPIN
STEPS
STUDIO
SWING
TAP
TEACHER
TEMPO
TIGHTS
TUTU
TWIRL
WALTZ

Dance Lessons

N S P E T S W I N G X C A P
R S G Z N I T A L H H G E A
A L E Z P N G E P L R I W T
S W S A M X N H E N E R G Y
L D I J M I M H T Y H R K M
A R O R T U F F G S C L O G
S O P U K U S L R B A V Q C
C R O P M E T I A X E C E A
F R I E N D S U C M T O X L
O I B Y M Q N H E R E U E Y
L M G T E U D N S P I N R P
K W M R F I T N E S S T C S
S O L O O P O S T U R E I O
G I R S T U D I O C L A S S
Q M G W Y B P B R C P A E L
C A I D P S Z T L A W S O G

Solution on Page 306

BACON
BATTER
BLUEBERRY
BREAD
BROWN
BUTTER
CHOCOLATE
CINNAMON
CIRCLE
DESSERT
DOUGH
EGGS
FLAT
FLIP
FLOUR
FLUFFY
FOOD
FRY
GOLDEN
GRIDDLE
HOTCAKES
HOUSE
JAM
MAPLE
MIX
PAN
POTATO
ROUND
SAUSAGE
SILVER DOLLAR
SOFT
STACK
STRAWBERRY
SUGAR
SWEET
SYRUP
THIN
WAFFLE
WHEAT

Flapjacks

O S Y R U P W H N I H T C Z
Q O Z E B W G R S W E E T Y
N F N H W U Y U F R O U N D
C T E T O A R O X L N R O K
H F D D Z T F L I O A O B Q
Y E L C R I C F M L F T I M
R T O I J E T A L O C O H C
R B G D P A N O K E L P A M
E N L R T N D P B E S G G E
B J O U I R O E G A S U A S
W A D C E T E L D D I R G U
A M T V A B A S R U Z E X O
R Z L T R B E E S A K T J H
T I O E E Q Q R H E G T X F
S T A C K R O X R W D U I T
A D N B F L U F F Y B B S J

Solution on Page 306

ALLOTMENT
ALLOWANCE
AMOUNT
BODY
COMPLEX
CONSUME
DIET
DRINKS
EFFECTS
ENERGY
EXERCISE
FAT
FIBER
FOOD
FRUIT
GOALS
GRAMS
HEALTHY
HUNGRY
INTAKE
JOURNAL
LIGHT
LOSE
MASS
MEALS
MUSCLE
NUTRITION
PHYSICIAN
PORTION
RESTRICT
SALAD
SCALE
SERVINGS
SHAKE
SKIM MILK
SKINNY
SLIM
SNACKS
SUGAR
WEIGHT

Counting Calories

E D I E T C I R T S E R S E
T G W P H Y N N I K S K L S
A T A M O U N T Y E I A M K
F F I B E R N H X M C A F C
O M M U A W T G M S R P L A
O U I E R L A I R G E E A N
D S L N A F L L O Y X K N S
A C S E G K L O P N E A R G
L L H R U N O I T I R T U N
O E A G S M W O J M D N O I
D F K Y W K A L O S E I J V
M F E N C O N S U M E N F R
C E I N A I C I S Y H P T E
O C O M P L E X R M E A L S
P T H G I E W Q T D A L A S
T S L A O G M I Y D O B D C

Solution on Page 307

ACTIVISTS
ALLEGIANCE
BALLOT
CAMPAIGN
CANDIDATES
CAUCUS
CITIZEN
CONGRESS
DEBATE
DECISION
DEMOCRAT
DONKEY
ELECT
FEDERAL
GOVERNMENT
GRASSROOTS
HOUSE
INCUMBENT
INFLUENCE
LANDSLIDE
MAJORITY
MAYOR
MEDIA
MESSAGE
NATION
NEWSPAPERS
PARTY
POLL
PRESIDENT
PROMOTIONS
RHETORIC
RUN
SPIN
VOTE

Campaigning for Office

V A I D E M O C R A T D P E
C S L L A N D S L I D E A T
S T O L L A B L L O P B R O
P S S F E D E R A L G A T V
I I C O N G R E S S O T Y I
N V N O I S I C E D V E E N
F I C A N D I D A T E S K O
L T N E D I S E R P R U N I
U C P R O M O T I O N S O T
E A M Y T I R O J A M R D A
N M S R E P A P S W E N T N
C P G I N C U M B E N T C N
E A G R A S S R O O T S E N
C I R O T E H R O Y A M L Z
E G A S S E M K H O U S E N
E N E Z I T I C A U C U S C

Solution on Page 307

BOILED
BUBBLE
BURN
COFFEE
COOKING
ENGINE
FEVER
FLAME
FOOD
FURNACE
GEYSER
HEAT
HOT COCOA
IRON
JACUZZI
KETTLE
LAVA
MAGMA
MANTLE
MATCH
MERCURY
OVEN
PLASMA
POT
SAUNA
SCALDING
SCORCH
SHOWER
SOUP
SPRINGS
STARS
SUN
SWEAT
TEA
TORCH
WAX

Boiling Hot

S A U N A I D Q G H R X C O
D O O F L G S X M X O K I B
O O S C A L D I N G M I Y Z
Y X G O O R H E Z G O V E N
F T N O A C E H P Z N T L Z
G U I K Z X T W C L U S T B
Y Q R I E T D O O R A C N B
J Y P N T M F M H H O S A V
N U S G A F E P P C S T M J
S W V T E C K M U R T A G A
W N C E J D E L I O B R E M
E H R A M R T S P C S S Y G
A E V U C A T E A S U N S A
T A B U B B L E N G I N E M
L T R R E V E F U J N O R I
J Y X A W N E K C J E A C H

Solution on Page 307

ALOE
BASIL
BONSAI
BOTANY
BUD
CACTUS
CHIVES
DAISY
DIRT
EARTH
FERN
FLOWER
GARDEN
GRASS
GREEN
GROW
HERB
HYBRID
LEAF
LICHEN
LILY
LIVING
MOSS
MYRTLE
PARSLEY
PETAL
POT
RAIN
ROOT
ROSE
SEED
SOW
SPROUT
STEM
SUN
TULIP
VIOLET
WATER
WEED
WORMS

Plant Kingdom

S S O M E B J I C A P Y R C
D A I S Y G N O H H S O W B
Y P P E N R E T A W S P E H
C E Q E N O T N R E F S A U
M A L D V W D L O I U A X B
F B C S L I C H E N D P E R
B V L T R I B S D A E Q O L
G P K B U A Q P S M R O W U
R N Y R Y S P R E N T T L P
A H I D E N P O T E T C H A
S N L V U O A U F E R N B B
S Z I V I B Y T L R M P R B
B H S A U L L O O G W E E D
C X A O R Q I P W B H T T S
N C B D M V L N E D R A G S
Y S G M F Q R C R P I L U T

Solution on Page 307

ACADEMICS
ANIME
AWKWARD
CALCULUS
CHESS
COMICS
COMPUTERS
DEBATE
DORK
DWEEB
FANTASY
GAMES
GEEK
GENIUS
GIFTED
GLASSES
GRADES
INTELLECTUAL
INTELLIGENT
INTERNET
KNOWLEDGEABLE
MATH
ODD
PASSIONATE
PENS
PROTECTOR
QUIRKY
SAT
SHY
SMART
STEREOTYPE
STUDY
SUPERHEROES
TECHNOLOGY
TUTOR
UNSOCIABLE
VOCABULARY

Nerds

K A C A D E M I C S E M A G
R S E O R E H R E P U S B F
O L P C A L C U L U S M U M
D R A W K W A M B T I A N S
E D S U I N E G A U N R S E
T S S S T U D Y E T T T O S
F R I S H C H G G O E Q C S
I E O S Q S E O D R R U I A
G T N E G I L L E T N I A L
F U A H F C G O L B E R B G
A P T C O E T N W E T K L R
N M E M E Y A H O E T Y E A
T O I K P S S C N W F N M D
A C D E B A T E K D D O I E
S K R O T C E T O R P E N S
Y R A L U B A C O V H T A M

Solution on Page 308

ACTS
AERIAL
ANIMALS
APPLAUSE
AUDIENCE
BALLOONS
BAND
BEAR
BIG TOP
CHAIR
CLOWN
COSTUME
CROWD
ELEPHANT
FAMILY
FIRE
HORSES
JOKES
JUGGLER
LIGHTS
LION
MUSIC
NET
PARADE
PEANUTS
POODLE
POPCORN
PROPS
RING
SEATS
SHOW
STILTS
STUNTS
TAMER
TENT
TICKETS
TIGER
TRAPEZE
WHIP
WIRE

At the Circus

D S N M U S I C R W O H S V
D W O R C T R A P E Z E J E
B F E I H I P O M J K T C S
S I Y N A L O U U O C N L T
T R E G I T T G J W E A I U
N E P G R S G E F I M H O N
U K H O O L I S D I E P N A
T T T C E P B U N O S E K E
S E S R O H A A E O T L D P
N N C O S F L L K B E E O A
R T D L P C L P Y Q K P E R
S L U B O X O P Z L C R H A
E F F A R W O A Z O I N B D
A R C N P H N R R A T M E E
T T I D F I S N L R E M A T
S T Q W G P Z T A N O Y R F

Solution on Page 308

ACHIEVEMENT
ANNIVERSARY
AWARD
BABY
BAPTISM
BASH
CEREMONY
CHRISTMAS
CHURCH
COMMUNION
DINNER
EASTER
ELECTION
ENGAGEMENT
EXCITED
FESTIVAL
FLOWERS
GALA
GIFTS
GRADUATION
HAPPY
HONEYMOON
JOYOUS
JULY FOURTH
LUAU
MARDI GRAS
NEW YEARS
PARTY
PROM
RECOGNITION
RETIREMENT
SUPER BOWL
VALENTINE

Celebrations

P U H A N N I V E R S A R Y
A S N O I T I N G O C E R N
J U L Y F O U R T H N Y S O
Y P P A H A E N I G T S D M
A E R T U N O E A R R H E E
D R O L N I V G A A Q C T R
F B M I T E E P E D B R I E
L O D C M M M Y C U B U C C
O W E E E S W E B A S H X E
W L N N I E I R R T R C E A
E T T T N M A R D I G R A S
R B P J O Y O U S O T E W T
S A V A L E N T I N E E A E
B B Z C O M M U N I O N R R
K Y G A L A V I T S E F D J
G I F T S N O O M Y E N O H

Solution on Page 308

BAKE
BRICK
BROIL
BURN
CAKE
CERAMIC
CHEF
CHICKEN
COAL
COILS
COOK
DEGREES
DINNER
DOOR
DRYING
DUTCH
EAT
FIRE
FOOD
FURNACE
GAS
HAM
HOT
KILN
KNOBS
LIGHT
MASONRY
MODERN
PAN
PIE
POT
RACK
RANGE
ROAST
SOLAR
STONE
TIMER
TURKEY
WARM
WOOD

Ovens

W A R M T R X A O W E E J C
B O W A S D Q Q Z C S E O G
Q U E S T U M Z B M H P G Q
D C R O C I N M H D J A S P
T H L N C N M L L O S N G W
S E E R G E D E I A T S H S
U F L Y R K R C R K O O B C
A Q L I P C D A S G N C P S
W H F O G I W N M N E O T X
D C P N N H E R L I O R B C
B T O N H C T U D Y C C C S
C U E O E Y S F N R E D O M
B R I C K R A F E D G W I A
U K M R A L O S O K N A L H
M E L C C O R O H R A M S E
P Y K P D J W D O O R B Q U

Solution on Page 308

ADVICE
ART
AUCTIONS
BUSINESS
BYLINE
CLASSIFIEDS
COMICS
COUPONS
CRITIC
CROSSWORD
CULTURE
EDITORIAL
ENTERTAINMENT
ESTATES
EVENTS
FEATURES
FINANCE
FOOD
GOVERNMENT
HEADLINE
HEALTH
HUMOR
INTERVIEWS
LEGAL
LETTERS
LIFESTYLE
LOCAL
NATIONAL
NEWS
OPINION
PHOTOS
POLITICS
PUZZLES
REPORT
REVIEWS
TECH
WEATHER

In the Newspaper

P U Z Z L E S R E T T E L C
S O E O P I N I O N N F T H
E B L D F O O D H A I N N H
C S Y I I Q P S T N E V E E
I O T L T T U I A M C A M A
V T S A I I O N N L D U N L
D O E C T N C R A L R F I T
A H F O A E E S I E E N A H
U P I L D V S N H A T Q T R
C O L C O I E T T E L C R E
T D A G F W A U R J R I E P
I P G I S E R V I A O T T O
O T E S W E I V E R M I N R
N D L R S E C U L T U R E T
S D R O W S S O R C H C E T
T B U S I N E S S C I M O C

Solution on Page 309

AIRPLANE
ANTELOPE
ARROW
BASEBALL
BULLET
CANNONBALL
CARS
CHEETAH
EXPRESS
FALCON
FASTBALL
GAZELLE
GREYHOUND
JAGUAR
JAVELIN
LIGHT
MACH SPEED
MOTORBOAT
MOTORCYCLE
PEREGRINE
ROCKET
SAILFISH
SATELLITES
SLED
SNOWMOBILE
SOUND
SPACESHIP
SPEEDBOAT
SPRINTER
SUBWAY
TIDAL WAVE
TIME
TORNADO
TRAIN
WIND

Really Quick

C A N T E L O P E B F Y T S
A R G A D W L V U S D A L A
R A A A O E A L P D I W F I
S U M R Z W L A A R S B A L
P G R O L E C S P B S U S F
R A S A T E L L I T E S T I
I J D N S O A L M N R S B S
N I A H O N R A E O P E A H
T I I V E W C B D C X N L B
E P A M E H M N O L E I L B
R N I R S L I O D A N R O T
C T F P T W I N B F T G D E
G R E Y H O U N D I E E N K
I E C H E E T A H N L R U C
D G M O T O R C Y C L E O O
L I G H T A O B D E E P S R

Solution on Page 309

ACCURACY
BAR
BENCH
BOOK
CHORD
CLEF
DAMPER
EBONY
FINGERS
FLAT
FORTE
GRAND
HARMONY
INTERVAL
IVORY
KEYS
MAJOR
MEASURE
MELODY
MINOR
MOVEMENT
MUSIC
NOTES
OCTAVE
PEDAL
PITCH
PLAYING
PRACTICE
RESTS
RHYTHM
SCALE
SHARP
STAFF
STUDY
TEACHER
THEORY
TONE
TREBLE
TUNE
UPRIGHT

Piano Lessons

S C A L E C L R O Y S F X E
O Y D S A C C U R A C Y E C
W S P Y P V W R L N O T E S
S T S E R Y R M E A S U R E
T A C K A D T E T O N E E L
U F I K C O U H T G G H H B
D F S O T L N N G N L C C E
Y E U C I E E Z I I I T A R
H L M T C M V F M Y R I E T
Y C I A E H R K Y A U P T A
N N N V K E O Y D L J H U L
O D O E P O E R R P E O O F
B M R M B Y I T D O R V R O
E R A G R A N D R R V A O Q
L D P E D A L Y A O A I H X
E J M H T Y H R B L F I U S

Solution on Page 309

ALKALI
ARRANGED
ATOM
BLOCKS
BONDS
BORON
CALCIUM
CHART
CHEMIST
COLUMNS
ELECTRON
ELEMENT
FRANCIUM
GAS
GOLD
GROUPS
HALOGEN
HELIUM
HYDROGEN
IONS
IRON
LITHIUM
MASS
METAL
NAMES
NATURAL
NEUTRON
NUCLEUS
NUMBER
OXYGEN
PERIODS
PROTON
PURE
ROWS
SCIENCE
SODIUM
SOLID
SYMBOLS
URANIUM
WEIGHT

Periodic Table of the Elements

T X T H G I E W F N X S T G
G G P B L O C K S S A M M L
J H V A S M U I D O S A U G
U E K H O C H O L L P R I Z
R L A T E M I A L I U R H C
A I A R X R R E L D O A T H
N U C L E U S C N O R N I E
I M A P T M O D A C G G L M
U Y D A D L O G N L E E S I
M O N E U T R O N O C D N S
E L E M E N T V W T B I N T
R H N C N E G O R D Y H U E
U S A O H S L O B M Y S M M
P W M F R A N C I U M A B D
D O E T N O R I O X Y G E N
Y R S N O I B T N O T O R P

Solution on Page 309

BASKETBALL
BEACH
BOWLING
CAMP
CATCH
CHAT
CLUBS
CONCERT
CONVERSATION
COOK
DANCE
DATES
E MAIL
FESTIVITIES
FOOTBALL
FRISBEE
GAMES
GRILL
HIKE
JOKING
KARAOKE
LAUGHTER
MOVIE
PARK
PICTURES
PLAY
POOL
ROAD TRIP
RUNNING
SLEEPOVER
SOCCER
SPORTS
SWIM
TAG
TEXT
THEATER
TRAVEL
TWISTER
VIDEOS
VOLLEYBALL

Fun with Friends

V I D E O S E T A D Y B M P
E K I H T D X X P M F G S A
M K V R B E A B S O J N E R
I F O T T A N N O V O I R K
W P E A W Z S T C I K L U R
S R V S R I B K C E I W T E
B N O I T A S R E V N O C V
U B L A L I K T R T G B I O
L G L L D R V C E G B E P P
C U E E C T O I N R C A H E
Y G Y V V O R I T A H C L E
A R B P K A N I T I C H S L
L I A M E N R C P K E A E S
P L L A U G H T E R U S M T
S L L R E E B S I R F W A P
A A N C R E T A E H T G G H

Solution on Page 310

ALGEBRA
ANSWER
BIOLOGY
BORING
CALCULUS
CHEMISTRY
COMPUTER
COPY
DEADLINE
DEFINE
DIFFICULT
ENGLISH
ESSAY
FORGOT
FRENCH
GEOMETRY
HISTORY
LANGUAGE
LOST
MATH
MEMORIZE
PACKET
PAPER
PENCIL
PHYSICS
PROBLEMS
PROJECT
READ
RESEARCH
RESULTS
REVIEW
SCIENCE
SOLVE
SPANISH
SPELL
STUDY
SURVEY
SYLLABUS
TUTOR

Homework

R N T S Y S C I S Y H P R C
E Y U A P M M M Y T C E E H
V H T N O E A P L E N N S S
I I O S C L L B L K E C E I
E S R W G B I L A C R I A L
W T C E J O R P B A F L R G
S O B R L R E T U P M O C N
P R U O C P Y Y S R A H H E
A Y G D E A D L I N E P N Z
N Y R E S U L T S M C A E I
I W K S T L U C I F F I D R
S U E S S L I S U R V E Y O
H G E O M E T R Y L O S T M
V E L A N R L A N G U A G E
I V T C Y B O R I N G S V M
E H E N I F E D F O R G O T

Solution on Page 310

ASTEROID
BIG BANG
CELESTIAL
COMET
CONSTELLATIONS
COSMOS
DUST
EARTH
ENERGY
EXPANSIVE
EXPLORE
GAS
GLOBE
GRAVITY
ICE
JUPITER
MARS
MATTER
MERCURY
MILKY WAY
MOON
NEBULA
NEPTUNE
ORBIT
PLANETS
PLUTO
PROBE
ROCKS
SATELLITE
SATURN
SOLAR
SPACE
STAR
SUN
TELESCOPE
TRAVEL
URANUS
VENUS

The Universe

R P L A N E T S U N A R U L
E L J S R R R Y G R E N E D
C U H N U O L E M T N D A U
A T I O T L Z X T A U W R S
P O T I A P Y P B I T R T T
S T L T S X M A R S P T H I
K R E A G E D N W W E U E B
C A B L I R T S O Y N T J R
O V O L E T A I A O K E K O
R E R E Y S S V L G M L B C
A L P T R S C E I L L W I T
L W E S U U R O L T E O G M
O Y C N C N A N P E Y T B Z
S D I O R E T S A E C G A E
W X J C E V S A L U B E N S
P D S O M S O C O M E T G K

Solution on Page 310

BIFOCAL
CARE
CASE
CLEAN
CLOUDY
COLORED
CONTINUOUS
CORNEA
CORRECTION
COSMETIC
DAILY
DISPOSABLE
DRY
EXTENDED
FARSIGHTED
FITTING
HARD
HYBRID
IMPROVE
INSERT
MOIST
MULTIFOCAL
NOVELTY
OPTOMETRY
OVERNIGHT
PERMEABLE
REMOVE
REUSABLE
RIGID
RIPPED
SALINE
SANITIZE
SOFT
SOLUTION
SPHERICAL
VISION
WEAR

Contact Lenses

S G D X M E L B A S U E R M
E G N O L A C I R E H P S U
E V I I Q Y A L L I E U N L
X S O F T R C B O L G O R T
T C A R E T A O B U V I G I
E I C M P E I A L E D O D F
N S O O M M S F L O V Y A O
D V A R N O I T C E R R O C
E S E C P T Y D R S S E O A
D P O S N P I N A I G S D L
S E I L C O I N G I M D I A
A D P L U G I H U E L R R C
L R E P H T T S T O A Y B O
I A D T I E I I I E U F Y F
N H P Z D R C O W V B S H I
E A E N R O C I N S E R T B

Solution on Page 310

BONE CHINA
BOWL
BUTTER
CASSEROLE
CERAMIC
CLAY
COMPOTE
COVERED
CREAMER
CROCKERY
CUP
DEMITASSE
DESSERT
DINNER
DISPOSABLE
DRY
EARTHENWARE
FINE CHINA
FRAGILE
GLASS
JUG
KITCHENWARE
LID
MUG
PAPER
PITCHER
PLATE
PORCELAIN
RAMEKINS
REUSABLE
RINSE
SAUCER
STONEWARE
TEAPOT
TRAY
TUREEN
WASH

Dishes

T M R D E S S E R T R A Y J
X T C I M A R E C T B G X N
N L A S A U C E R O O S I E
R D S P W N G K P P W A E E
A E S O A D I L I A L A T R
M R E S X P P H T E R X O U
E E R A W N E H C T I K P T
K V O B Y E R R H E A C M S
I O L L W E O E E L N R O S
N C E E N P N D R B I O C A
S T O N E W A R E A H C B L
E L I G A R F Y H S C K U G
T D N R I N S E H U E E T Y
A D E M I T A S S E N R T A
L P U C R E A M E R I Y E L
P Y J U G W V L O C F Z R C

Solution on Page 311

ACADEMIC
ADDRESS
CLASSROOM
CRITICAL
DESK
DIRECT
DRONE
EDUCATE
EXPERT
EXPLAIN
GUEST
HALL
INSTRUCT
JABBER
LANGUAGE
LEARN
LECTERN
LESSON
LIGHTS
LINGO
LISTEN
LONG
NOTES
ORAL
PITCH
PODIUM
PRATTLE
QUESTION
RECORD
RELAY
SOAPBOX
SPEAK
SPIEL
STAGE
STUDENT
TALK
TEACH
VOCALIZE
VOICE
WATER

Give a Speech

V O I C E W A T E R G N O L
O Y M H K Y D N O S S E L I
F P O D I U M I R S X S N P
E Y O J A B B E R E P S R R
Z C R I T I C A L E T H T A
I G S E N O R D A R C C R T
L H S O R A L K U T A T E T
A C A D E M I C I D N A P L
C O L L T G T P D E C S X E
O G C L L S A R D H E P E F
V N O I T S E U Q M D I Y R
T I D G U S T U G R U E E S
A L E H S S P Q G N C L S T
L I S T E N X O B P A O S A
K E K S E T O N Y Y T L L G
L E A R N I A L P X E J V E

Solution on Page 311

AGENCY
BENEFITS
BONUS
BOSS
BUSINESS
CAREER
CLIENT
CUSTOMER
DUTIES
EMPLOYEE
FIRE
HIRE
HOURS
INCOME
INTERVIEW
JOB
LABOR
LEAVE
MANAGE
MONEY
OFFICE
OVERTIME
PAY
POSITION
PROFIT
PROMOTION
QUOTA
RAISE
RECRUITER
REVIEW
SALARY
SCHEDULE
STAFF
TAXES
TITLE
TRADE
UNION
VACATION
WAGE
WORK

Employment

T I T L E A V E C I F F O Y
W N O I N U T K G Q Z X M G
A W O R K H I R E A T O U Q
G P A Y R A L A S U N O B S
E B U S I N E S S E E A U E
N O I T I S O P Y J I R M X
C A V A C A T I O N L T R A
Y I N C O M E I T C C E U T
C S T I F E N E B O E D I D
F U L A B O R N Y R M F J T
F S S K S V K M A O O O R L
A R E T I U R C E R L A R S
T U B E O V Y K P Y D P S P
S O W T E M I T R E V O M P
J H E L U D E H C S B A Y E
F I R E S I A R E V I E W I

Solution on Page 311

APPLE
BEET
BLEND
BLUEBERRY
CARROT
CHERRY
CITRUS
CONCENTRATE
CRANBERRY
EXTRACT
FRUIT
GRAPE
GUAVA
ICE
LEMON
LIME
LIQUID
MANGO
MELON
MIXED
NATURAL
NECTARINE
NUTRITIOUS
ORANGE
PAPAYA
PEAR
PRUNE
PULP
PUNCH
RASPBERRY
SPINACH
STRAWBERRY
SWEET
TOMATO

Drink Some Juice

X C C A N T O M A T O I Y G
D E X I M I C E Y E P A R G
S W E E T E D L A P E A R E
H Y P I C R I O P A B E E T
C U P M A W U N A I V R H J
N O W I R X Q S P I N A C H
U G N U T R I T I O U S U Y
P N E C X Y L N M G T P O G
B A C P E E R E A R F B C C
A M T L N N L R A T T E A R
P S A U T A T W E D U R X E
P W R P I L B R N B R R U M
L P I S U E U E A O N Y A I
E G N A R O L E T T X A E L
O Y E R F B L U E B E R R Y
L L Y B K K L K V D M C O C

Solution on Page 311

BALL
BIRDS
BREEZY
BRIGHT
CALM
CAMPING
CLEAR
COUPLE
CRESCENT
CRICKETS
DARK
DIM
EERIE
FROGS
FULL
GAZING
HALF
HIGH
LOCUST
LOVE
NATURE
NEW
OLD
ORB
OWL
PALE
PATH
QUARTER
QUIET
SHINY
SILVERY
SKY
SPHERE
STARS
STILL
SUMMER
TWINKLE
WALK
WANING
WAXING

Moonlit Night

X L Q F B T W B T O E L A P
L J O Y R E V L I S O L C B
Q Z K V E V V K T R L I V F
E S T N E C S E R C D T G R
H R Q L Z C K E O A E S J O
Z U U U Y C T L S M I D L G
J C B T I R Y K X P L L N S
B F O R A E S N H I H A C U
N R C U I N T I S N A E C M
W A Q L P G E W R G L F R M
J Y W E N L H T A G F U C E
Q O N I H O E T T N E L C R
W I Z I L C R K S I I L H K
P A T H H U I B R X E N I M
G R L M A S L E B A L L G Y
D T A K K T E N R W D E H O

Solution on Page 312

ACADEMICS
ART
BOOKS
CHILDREN
CLASSES
COLLEGE
COMPUTERS
DEBT
DEGREE
DIPLOMA
DISTRICTS
ENGLISH
EXAMS
EXPENSIVE
FAILING
FEDERAL
FREE
FUNDING
GRADES
HEALTH
HISTORY
LOANS
LOCAL
MATH
PRIVATE
PROGRAMS
PUBLIC
READING
RECESS
REQUIRED
SCHOOL
SCIENCE
STATE
STUDY
SUMMER
TEACHER
TEST
TUITION
UNIONS
WRITING

Back at School

P B S T U D Y V L O A N S T
F U N D I N G R A D E S Z E
E X A M S X F N O I T I U T
D E G R E E W R I T I N G A
E X P E N S I V E D S A R T
R P R O G R A M S E A I B S
A U E S N E S L E B P E H E
L S Q S H T T A S T R F R T
P L U E T U C C S E I A L E
D P I C L P I O A N V I O A
I U R E A M R L L G A L O C
P B E R E O T Q C L T I H H
L L D D H C S S C I E N C E
O I A T U N I O N S X G S R
M C A N E R D L I H C P E E
A M B O O K S U M M E R S T

Solution on Page 312

BEACH
BIKING
BLISS
BOOK
BREAK
CALMNESS
CAMPING
COLORING
COMFORT
COOKING
COZY
CRUISING
DINNER
DIVERT
EASE
ENJOY
EXERCISE
FIRESIDE
FISHING
FRIENDS
GAMES
HIKING
LEISURE
MASSAGE
MOVIE
MUSIC
NAPS
PARK
POOL
READING
RESTING
RETREAT
SAILING
SITTING
SKIING
SOOTHED
SUNNY
WINE
YOGA

Enjoy Yourself

V E E T U J Z G A G O Y G E
Z G S B R E A K N N N E N N
Y G N I R O L O C I Q R I J
M U S I C Z F A W K H U T O
E P Q F P R L M P O W S T Y
I A G I A M E K O O B I I T
V R N R N S A X B C O E S F
O K I E S R O C E I R L V S
M A S S A G E O K E K W A E
H S I I D E G S T U K I G M
Y L U D T N H R T H L N N A
B E R E I I E R Y I E E I G
Y S C D K A E I N N N D I Y
H A A I T V S G R A N G K Z
R E N N I D L S B F P U S O
R G F D E Z H C A E B S S C

Solution on Page 312

ACQUIRE
ALBUMS
AMASS
ANTIQUES
ART
ASSEMBLE
AUCTION
AUTOGRAPHS
BOOKS
BOTTLES
BUTTERFLIES
CASE
COINS
COLLECTOR
COMICS
COMPILE
DISPLAY
FANDOM
FIGURINES
FOSSILS
FUN
GATHER
GET
HOBBY
HUNTING
INSECTS
ITEMS
JEWELRY
MINT
MODELS
MOVIES
ORNAMENTS
PATCHES
PICTURES
POSTERS
PRESERVED
PRICE
RESTORE
STAMPS
TRINKETS

Collections

S P M A T S D P A T C H E S
B H U N T I N G R O A N E M
H U C A S E N I R U G I F U
O T T P I O N N T N V M D B
B R L T I K A O B O O K S L
B A E T E M G M M I N T B A
Y M C T E R O T C E L L O C
S U S N A D F A N D O M T Q
A V T P E Y R L E W E J T U
S S H L S E U Q I T N A L I
C S S D E V R E S E R P E R
I N S E C T S A M A S S S E
M U C O M P I L E C I R P H
O F G E T B S R E T S O P T
C O I N S S L I S S O F E A
X P I C T U R E S T O R E G

Solution on Page 312

AERATE
ANNELIDS
BAIT
BENEFICIAL
BODY
BURROW
CASTINGS
COCOON
COMPOST
CRAWLY
DAMP
DIG
EGGS
FARMING
FERTILIZE
FISHING
GARDEN
GRASS
GROUND
HOOK
INVERTEBRATE
MOIST
MUD
PESTS
PLANTS
RAIN
RED
RIBBED
SEGMENTED
SIDEWALK
SLIMY
SOIL
SQUIRM
TUBE
TUNNEL
WORM
WRIGGLE

Earthworms

E V I R W J T M E Z C G X R
M Z E E T A R E A R K K I L
H D B R Z O N Z A G N B E X
W U Q D W I S W N S B N F D
T M L H A Q L I D E N V E N
J B L R U Y H I D U D T T U
T D Q I D S L B T E A R I O
G A R O I E U E T R W T A R
H M B F N R A N B S E A B G
O P O N R N E E O W I F L S
K E A O G M T F R O H O O K
E S W R G R L I O S C N M I
G T A E E J G C O M P O S T
G S S V S G N I T S A C C Y
S T N A L P F A R M I N G U
D I G E Y M I L S Y G S A T

Solution on Page 313

ALIVE
ALLERGIES
APRIL
BEACHES
BLOOM
BRIGHT
BUDDING
BULBS
BUNNY
CHICKS
CLEAN
EASTER
EGGS
FLOWER
FRESH
GARDEN
GREEN
JACKET
KITE
LAMBS
LEAVES
LIFE
MAY
MELT
ORCHIDS
POLLEN
PUDDLES
RAIN
REBIRTH
SEASON
SHOOTS
SHOWERS
STORM
SUNNY
THUNDER
TULIPS
UMBRELLA
WARM
WEATHER
WINDY

Spring

R A I N P P S L G Y M G T W
L E A V E S E A S O N H M A
B C B L O O M G R E E N T R
T H G I R B B S B L U B U M
A L L E R B M U E V I L A B
L A R F S T E T D L I R P A
L M E W U H H A S D D Y Q B
E B T I N U O R C H I D S T
R S S N N Z E O C H F N U B
G B A D Y W T L T R E L G P
I F E Y O Y E E E S I S A S
E R E H T A E W K P K S R T
S E S V N M O T S C J W D O
P S N E L L O P I G A G E R
A H U E F I L H Y K G J N M
U Z V G Z R C S E T L E M Z

Solution on Page 313

ASIAN
BEEF
BROCCOLI
BUFFET
CANTONESE
CARROT
CHICKEN
CHOP SUEY
CHOW MEIN
CRAB RANGOON
DINNER
DUMPLINGS
EGG ROLL
FAST
FOOD
FORTUNE COOKIE
FRIED
GINGER
LO MEIN
LUNCH
MSG
NOODLES
PANDA EXPRESS
PAPER CARTON
PORK
RESTAURANT
RICE
SALAD
SAUCE
SESAME
SHRIMP
SNOW PEAS
SOUP
SPICY
SPRING ROLL
TAKEOUT
TEA
VEGETABLES
WOK

Chinese Food

F T Y D B R O C C O L I D T
P O U N O E G G R O L L N E
N M R O T O R R A C T A I S
E N I T E F F U B F R E P E
K I C R U K L F R U G R A N
C E E A H N A I A W I E N O
I M N C T S E T N N N N D T
H W I R T D S C G O G N A N
C O E E H E K R O P E I E A
N H M P R O O D O O R D X C
U C O A W L L S N U K Z P W
L I L P L E M A S E S I R B
D A L A S E L B A T E G E V
B E E F D U M P L I N G S M
C S N O W P E A S I A N S S
P U O S P I C Y S A U C E S

Solution on Page 313

ALARMS
BABY
BARK
BIRDS
BROOK
CAR
CHAINSAW
CHATTER
CHILDREN
CONCERT
CRY
DEBATE
DECIBEL
DOG
DRUM
FAN
FESTIVAL
FIREWORKS
FREEWAY
HELICOPTER
HORN
JACKHAMMER
KAZOO
MACHINES
MOTORS
MUSIC
NEIGHBORS
NIGHTCLUB
PARTY
PEOPLE
PHONE
RADIO
ROOSTER
SHOUTING
SINGING
SQUEAL
TEENAGERS
THUNDER
TRAFFIC
VACUUM

Noisemakers

E T A B E D L K S A U C T R
Y T R A P G A A L Q I J E A
K R A B M Z N A V F U T E D
R E T S O O R I F I T E N I
F C G O F M T A T A T E A O
R N N P S S R O H U I S G L
E O I S E T E C R G O Y E B
E C G G K O T N H S V H R F
W V N P H R P B I R D S S C
A A I H M T O L R H G O D T
Y C S O U R C W E O C A R H
B U N N S Q I L E F O A U U
A U A E I K L H U R X K M N
B M F H C A E L E B I C E D
H R E M M A H K C A J F V E
N E R D L I H C H O R N R R

Solution on Page 313

ACCOUNTING
BANK
BUILDING
CAPITAL
CUSTOMERS
DOCUMENTS
EMPLOYEES
EQUIPMENT
FINANCING
GRANTS
IDEA
INCOME
INSURANCE
INVENTORY
KNOWLEDGE
LIABILITY
LICENSE
LOAN
LOCATION
NAME
OPENING
PAYROLL
PERMITS
PLAN
PRODUCT
PROFIT
REGISTER
RESEARCH
REVENUE
RULES
SERVICE
STRUCTURE
TAXES
VEHICLE
ZONING

Starting a Business

L I C E N S E L U R P P T G
L G R A N T S N G L E V K N
O X O J P E C N A R U S N I
R L A E D I I N M R Y I O D
Y O G G Q C T I S E R E W L
A C N N N U T A M T O R L I
P A I A I S I P L S T U E U
R T N R Z T L P S I N T D B
O I E E E O N T M G E C G V
F O P V Y M N U M E V U E E
I N O E K E O I O R N R M H
T J E N M R B C N C I T A I
I S A U R S U I N G C S N C
M B C E O Y T I L I B A I L
B O H C R A E S E R V I C E
D U Z P R O D U C T A X E S

Solution on Page 314

AIR
BALLOON
BLIZZARD
BLOW
BREEZE
CHILL
CLIMATE
CLOUDS
COLD
COOL
CYCLONE
DIRECTION
DRAFT
ELEMENT
ENERGY
FAN
FLOW
GAS
GUST
KITE
MONSOON
MOTION
MOVEMENT
NATURAL
NORTH
OCEAN
POWER
SKY
SPEED
SQUALL
STORM
STRENGTH
STRONG
TORNADO
TURBINE
TYPHOON
WAVES
WEATHER
WEST
WIND SOCK

A Strong Wind

H J J I R Y T R E W O P D S
D T S U G W Y A L M W G P E
G K Y R Z O P P E N E D M V
T K E D C L H M M A A L R A
S N D R L B O U E T T O O W
E T B A L L O O N U H C T I
W N U F C L N O T R E K S N
M Q O T B L I Z Z A R D O D
S O A L A T I F N L O O C S
C F V P C G X M A E S B T O
L N L E N Y R I A N D R O C
O O R O M R C L O T E E R K
U I R W W E L M G N E E N D
D T U R B I N E G A P Z A Y
S O V I H K I T E Z S E D U
N M K C E F H G O H T R O N

Solution on Page 314

BED
BLANKET
BLINDS
BOOK
BRUSH
CARPET
CHAIR
CHEST
CLOSET
COMFORTER
CORKBOARD
COVERS
CURTAIN
DECORATED
DESK
DOOR
DRAPES
DRAWERS
DRESSER
FUTON
GUEST
LAMP
MASTER
MATTRESS
MIRROR
PAJAMAS
PHOTOS
PILLOW
POSTERS
PRIVACY
QUILT
READ
RELAX
SERENE
SHEETS
SLEEP
SLIPPERS
TABLE
VANITY
WINDOW

In Your Room

P M S R E T S O P E D C R A
M I A E W D E T A R O C E D
A R Y T I N A V A P E E L S
L R J R T C L O S E T Q A H
C O T O Z R B R U S H G X E
V R S F K K E B U R T D D E
U P E M R E S S E R D R W T
B P H O T O S T S D A A Q S
K O C C I S S D R W N P U R
W P O B L A N K E T X E I E
O D R K M M W R P S S S L V
D F A I J A S C P J K E T O
N U E E V J H N I A T R U C
I T E P R A C B L I N D S G
W O L L I P C L S E R E N E
C N Z R O O D Y E L B A T E

Solution on Page 314

ANIMALS
ART
BALANCE
BLEND
CANVAS
CHALK
CHILDREN
COLORS
COMPOSITION
CONTENT
CRAYON
CREATIVE
DEPTH
DESIGNS
DEXTERITY
DIMENSIONS
DISTORT
DOODLE
DRAW
ERASER
FORMS
FUN
GRAPHITE
GRID
HUES
IMAGES
INK
MEDIUMS
OBJECTS
PASTELS
PEN
PICTURE
SCALE
SKETCH
SKILL
SMUDGE
STILL LIFE
SUPPLIES
TECHNIQUES
TRACE

Drawing and Coloring

H C T E K S M U D G E S I N
D S N E L A C S K I L L M E
I M E D I U M S L E T S A P
E B T U C R E A T I V E G I
T T N B H J S M R O F C E C
I E O D I M E N S I O N S T
H E C N A L A B L M U E E U
P W K H D S L L P F S R I R
A R T O N E L O J N R D L E
R C D S N I S A G Z R L P L
G R I D T I Q I M A C I P D
T A S S T M S U W I A H U O
R Y T I R E T X E D N C S O
A O O R D E P T H S V A P D
C N R S R O L O C H A L K R
E S T C E J B O R E S A R E

Solution on Page 314

ART
BLING
BOATS
BRACELET
CAKES
CANDY
CASTLE
CHINA
CLOTHES
CROWN
CRYSTAL
DESIGNS
DINNER
DRESSES
EVENT
FUR
GALA
GOLD
GOWN
HATS
HOMES
JETS
JEWELRY
LACE
LOBSTER
MANSION
PLANES
PREMIER
PROMS
RINGS
SATIN
SHIPS
SHOES
SILK
SUIT
TUXEDO
WATCHES
WEDDING
WINE
YACHTS

Fancy Things

N S W D K S U I T H C K N P
A H L Z P I E T R A A Y W L
A O R I B A C L L J E T S Q
G E H E L W W A T C H E S Q
O S G N I R G T S E N A L P
Y H B L N M D S M T G O W N
P S R K G I E Y O D L M E I
K U A E N H S R R E V E N T
F A C N T J I C P X F G I A
K A E O L E G N I D D E W S
L R L O P W N O I S N A M T
I C E D R E S S E S S X V A
S P T E Q L O B S T E R K N
P M E X C R O W N N K K Y I
E Z L U A Y A C H T S E A H
B O A T S E M O H Y D N A C

Solution on Page 315

ADVICE
CALL
CAPSULES
CHEMISTRY
COUNTER
DISPENSE
DOCTOR
DOSE
DRUG
FILL
GENERIC
HEALTH
HELP
HOSPITAL
INSURANCE
LICENSED
MORTAR
NURSE
ORDER
PATIENT
PHARMACIST
PHYSICIAN
PILLS
PROFESSION
REGULATION
SAFE
SCIENCE
SERVICE
SICKNESS
SUBSTANCE
TABLET
THERAPY
TRAINING
TREATMENT
VITAMINS
WALGREENS
WELLNESS

See the Pharmacist

S N I M A T I V H E A L T H
F D O S E P T N E I T A P E
N R I I G N I N I A R T R L
S U B S T A N C E L L I F P
E G R E P A D V I C E P T P
L E O S W E L L N E S S R H
U C T R E T N U O C A O E A
S I C K N E S S G F F H A R
P V O W A L G R E E N S T M
A R D C H E M I S T R Y M A
C E C N A R U S N I Z Z E C
A S N A I C I S Y H P Z N I
L R E D R O Y P A R E H T S
L I C E N S E D T A B L E T
M G E N E R I C M O R T A R
N P I L L S C I E N C E D M

Solution on Page 315

ART
BEAUTIFUL
BOOK
BROWNIES
CHILDREN
CREATURE
DUST
ELF
ETHEREAL
FANTASY
FICTION
FLY
FOLK
GLITTER
GNOME
GOBLIN
GODMOTHER
GOOD
HIDDEN
LEGEND
LITERATURE
MAGIC
MYTH
NATURE
NYMPH
PETER PAN
PIXIE
QUEEN
SMALL
SPIRIT
SPRITE
STORY
TALE
TINY
TOOTH
VICTORIAN
WAND
WINGS
WISHES
WOODLAND

A Visit to Fairyland

R E H T O M D O G W F L E C
Q R F D O O G L I T T E R E
L U F I T U A E B M S T U C
N T I R I P S T O O T H T E
M A G I C E S P R I T E A G
L R P M F W A N D Q F R N T
F E Y R C R E A T U R E R T
V T G H E H Y S A T N A F I
H I D E I T I A G O B L I N
F L C U N D E L S M A L L Y
E L V T S D D P D E M O N G
L I Y R O T S E C R H H R B
A K X B B R O W N I E S Z N
T N O I T C I F D S G N I W
F O L K P D N A L D O O W W
K G S G H P M Y N E E U Q W

Solution on Page 315

ACCOUNT
AMOUNT
BANK
BILL
BLANK
BOOK
BOUNCE
BUSINESS
CASH
CERTIFIED
CHANGE
COMMERCIAL
CREDIT
DATE
DEBIT
DOCUMENT
DRAFT
ENDORSE
FEES
FINANCIAL
FORGE
FRAUD
FUNDS
INSTRUMENT
LEDGER
MAIL
MONEY
NOTE
NUMBER
PAY
PERSONAL
PURCHASE
RENT
ROUTING
SALARY
SEND
SHOPPING
SIGN
TRANSFER
WRITE

Bank Account

E S G C C H A N G E T I R W
G C A C N M O N E Y A P I N
S S N L O O G N I P P O H S
H D E U A M T S N T F A R D
S G N N O R M E S N R I E Y
I T T U D B Y E T U A W G A
G T N T F O Y F R O U O D D
N I E R Q I R F U C D L E V
U B M A E R N S M C I I L L
J E U N T S O A E A F A B L
W D C S U N A U N I D M L I
R Z O F I M E H T C K N A B
D B D E W N B R C I I D N O
A F O R G E E E O R N A K O
T I D E R C Q S R E U G L K
E H V W L A N O S R E P F Z

Solution on Page 315

ACTOR
ADELE
ATHLETE
AUTHOR
BECK
BIEBER
BIOGRAPHY
BONO
CHER
COOLIO
DANCER
ELVIS
EMINEM
ENYA
FAMOUS
GLAMOROUS
GOMEZ
GOSSIP
HATHAWAY
HEIRESS
HOLLYWOOD
JOLIE
LADY GAGA
LALAINE
MADONNA
MOBY
MOVIES
MUSIC
NICHOLSON
OLYMPIAN
POPULAR
PUBLIC
RICH
RIHANNA
SINGER
SPORTS
STAR
TABLOID
THEATER
TRENDY

Celebrities

A U T H O R O T C A R I C H
E G E S U O M A F G O M E Z
X L A Q E E U P O P U L A R
G E V G N I R A T S B O N O
S T N I Y G V C I S U M N Y
I H M Y S D O O W Y L L O H
N E N I A L A L M C B F D P
G A N I C H O L S O N O A A
E T S A N N A H I R G H M R
R E C S I S U O R O M A L G
E R O I E P U K S C T T S O
C J O A L R M S X H R H T I
N O L D T B I Y L E E A R B
A L I E W P U E L R N W O E
D I O L B A T P H O D A P C
E E R E B E I B J Z Y Y S K

Solution on Page 316

BIKES
CARS
CATS
CITY
DINING
DOGS
FAMILY
FENCE
FLOWERS
FRIENDS
GAMES
GARAGE
GARDEN
GRASS
HOME
HOUSE
KIDS
LAWN
LIBRARY
LIFE
LIGHTS
MAILBOX
NOISE
PARK
PATHS
PEOPLE
PETS
PLANTS
POOL
POSTS
ROAD
SAFETY
SCHOOL
STORE
SUBURB
TOWN
TREE
TRUCKS
WATCH
YARD

In the Neighborhood

S Y K M C A D S E H D O R Y
E S C I Z N D M C L O O P P
X N T D O W M A I H N U G R
B Y L I M A F Z O W O R S S
E R E F I L S T O R E O T E
C A U P E T S T Q X W A L K
N R F B H Z G Y N A C P T I
E B Y G U S Z C T N O E R B
F I I A T S T C O E E K U F
R L X S R D H I P D F Z C V
I Y O S L D S S A R G A K I
E P B W I E C P L A N T S Z
N K L N E G A R A G T H E X
D T I B V R R I U R T O M K
S N A D M D S R E A K M A V
G B M O S F N E P S X E G I

Solution on Page 316

AGING
BINGO
CALCIUM
CANE
CENTER
CHECKERS
DENTURES
DISCOUNT
ELDERLY
EXPERIENCE
EYEGLASSES
FALSE TEETH
FAMILY
FRAIL
GERIATRIC
GRAY HAIR
HEARING AID
HIP
HOME HEALTH
LIVER SPOTS
MEDICARE
OLD
PENSION
REMINISCE
RETIRE
SUN SPOTS
TRAVEL
VACATION
VITAMINS
WALKER
WELLNESS
WHEELCHAIR
WRINKLES

Senior Life

U W D E N T U R E S F O V R
Y L R E D L E I C T W G I E
C E N T E R R A N O N N T K
F A M I L Y A H E P O I A L
T G L H N J C C I S I B M A
E I H C O Z I L R N T D I W
Y N G T I M D E E U A I N E
E G P R E U E E P S C S S L
G E E A A E M H X F A C R L
L R N V K Y T W E R V O E N
A I S E D H H E N A C U K E
S A I L I D B A S I L N C S
S T O P S R E V I L Q T E S
E R N D I A G N I R A E H T
S I W R I N K L E S B F C R
E C S I N I M E R E T I R E

Solution on Page 316

BABBLE
BANTER
CHATTER
CHITCHAT
CONFESS
CONVERSE
DIALOG
DISCUSS
DIVULGE
DRAWL
ENGAGE
FRIENDS
GOSSIP
HUMAN
INFORM
JOKE
LEARN
LECTURE
MESSAGE
MOCKING
NATTER
NOISE
NOTIFY
PRATTLE
RANT
SECRETS
SHARE
SHOUT
SOCIAL
SPEAK
TEACH
TELL
TONE
TOPIC
UTTER
VERBAL
VOCAL
VOICE
WORDS
YAMMER

Talk Talk

O T N E R A H S E C R E T S
Q O A N A Z G U D I A L O G
S P M O N P R O L L E T L K
U I U T T W N E S C W T E W
I C H I T C H A T S Z A A O
O O F F B M O U T T I R R R
V N F Y A F R N U T A P N D
J F Q V B E G O V Z E H X S
O E R O B A H N F E T R C D
K S Z I L S D H I N R K I H
E S V C E T E I C K I S K G
U N R E T N A B V A C A E L
T O O R G E D U H U E O D A
T I L A I C O S S P L T M C
E S G V E G A S S E M G P O
R E M M A Y Y Z L A B R E V

Solution on Page 316

ATHLETES
COURSE
DRINK
EVENT
EXERCISE
EXHAUSTION
FALL
FANS
FINISH
FIRST AID
GUN
KILOMETERS
LINE
MILES
MINUTES
NUMBER
OLYMPICS
PACE
PAIN
PARAMEDICS
PINS
PLACE
PROTEIN
RACE
REHEARSAL
RESULTS
ROUTE
RUN
SHOES
SNACKS
SOCKS
START
STRETCH
SWEAT
TIME
TRAIN
WALK
WATCH
WEEKS
WINNER

Run a Marathon

N R E B M U N W S L K M F Z
S I E V E N T T H K N I R D
U N A S T A R T O M N L O R
I N I R U E Y E E I F E L E
N I A P T L F V S I X S Y H
K E T C T Q T H R R E N M E
A T H L E T E S U X U Z P A
R O U T E G T N H G T O I R
A R B C P A R A M E D I C S
C P A M I N U T E S I I S A
E P R D E S I C R E X E N L
M S R E T E M O L I K N A L
I J K I N H C T A W N I C A
T U O C D N T A E W S L K F
S N A F O E I K L A W Q S I
F W E E K S E W U P L R A C

Solution on Page 317

BABYSITTING
BATHROOM
BED
CHART
CLEAN
DAILY
DINNER
DISHES
DRY
DUSTING
FEED
FOLDING
GARBAGE
GARDEN
GROCERIES
HOE
IRONING
KITCHEN
LOAD
MEALS
MOP
ORGANIZE
PAINTING
PETS
PLANT
PLOW
RAKING
RECYCLING
SCOOP
SCRUB
STACK
TRASH
TRIMMING
VACUUM
WALKING
WASH
WATER
WEED
WIPING

Chores

B U R C S S U Z D D G M A O
L C H E O G N I K L A W B Y
T H X C N O L F T D R A L T
G A R D E N L O R R B I H A
N R T K G S I L A Y A T O R
I T D R N R E D S D G S E E
P C U R I G U I H E E S Z C
I B S A T M T N R H T I I Y
W N T K N T M G S E R M N C
O X I I I B T I P O C O A L
L K N N A T D M N Z S O G I
P C G G P U C I U G E R R N
W A T E R L N H B U R H O G
E T C P E G D E E F C T R X
E S L A E M O P D N W A S H
D T N A L P O O C S F B V G

Solution on Page 317

BALMORAL
BASEBALL
BEANIE
BELLHOP
BERET
BIRETTA
BONNET
BOONIE
BOWLER
BRIM
BUCKET
BUSBY
CAP
CLOCHE
COIF
COWBOY
DERBY
DUNCE
FEZ
FLOPPY
GARBO
GATSBY
HAT
HOMBURG
HOOD
MILLINER
NEWSBOY
PANAMA
PARTY
SAILOR
SISAL
SOMBRERO
STETSON
TOP
TRAPPER
TRICORN
TRILBY
TURBAN
YARMULKE

Wearing Hats

S I S A L U C Y O F W N B X
N R O C I R T E Y P P O L F
S A I L O R C O I F N P A C
T U R B A N C O P N Y M B C
T D A P L L A B E S A B U Y
R T P G L H A T O N R E S B
R E N I L L I M A Z M I B S
R R Z Z M O B P P G U T Y T
P E H O K R P O H L L E B A
F B R N E W S B O Y K T I G
C A Y R V O P A E B E B R I
L N O S T E T S I R Y U E P
O Y B L I R T J N I B C T T
C H W L G A R B O M R K T F
H O O D R E L W O B E E A V
E E C N U D V H B G D T Z D

Solution on Page 317

APPLE
BARBECUE
BOLOGNESE
BROWN
BUFFALO
BUTTER
CARAMEL
CHEF
COOKING
CURRY
DUCK
FLAVOR
FOOD
GARLIC
GRAVY
HERBS
HOT
ITALIAN
KETCHUP
LIQUID
MEAT
MUSHROOM
MUSTARD
PAN
PESTO
PIZZA
RANCH
RED
RICH
SALSA
SAUCIER
SOY
SPICE
STEAK
TABASCO
TARTAR
TERIYAKI
THICK
TOMATO
WHITE

Saucy

X X J T S T E A K C U D S R
P R N A I L A T I F M B E E
N Z L F K A P P L E R S C D
K S O L A F F U B E D A I O
A K R A Y R E H H R N U P O
G C U V I E O H A C Q C S F
U I L O R T J T C I T I J P
J H E R E T S S L Q Z E B E
P T M U T U H V H O P R K S
Y J A U M B C O O K I N G T
N V R T S U N E C V Z A C O
Y D A H R H A J B S Z P I T
Q E C R A T R A T R A L L A
M I Y D G B R O W N A B R M
R O Z E S E N G O L O B A O
S B T E T I H W K M W A G T

Solution on Page 317

BASKETBALL
BASS BOAT
BATHING SUIT
BINOCULARS
CANOE
CLEATS
DUMBBELLS
FISHING POLE
FRISBEE
GLOVE
GOALS
GOGGLES
GOLF BALL
HAT
HELMET
HOCKEY STICK
JUMP ROPE
KAYAK
LEOTARD
MOUTH GUARD
NET
PADS
PARACHUTE
PUCK
RACKET
SHIN GUARDS
SKATES
SKIS
SOCCER BALL
SWEATBANDS
TENT
WATER BOTTLE
WICKET

Sports Equipment

P B C S T A E L C J S T K L
A I F E E H L G U H I A H E
R N R T N L O M I U Y S S O
A O I A T A P N S A K D O T
C C S K L R G G K I K N C A
H U B S O U N W S C E A C R
U L E P A I I A I T N B E D
T A E R H C H T S O A T R T
E R D T K D S E E S P A B S
K S A E A Y I R S P U E A E
C B T Z E H F B Z G C W L L
A G C K S F O O H Z K S L G
R L C L L A B T E K S A B G
X O Y Y T Z U T E M L E H O
H V Z D L O L L A B F L O G
D E D U M B B E L L S D A P

Solution on Page 318

ADDITION
APARTMENT
ARCHITECT
BARN
BLOCKS
BUSINESS
CEILING
CHURCH
CITY
CODE
COMPANY
DESIGN
DWELLING
ELEVATOR
ENGINEER
ESCALATOR
FLOOR
FRAME
GLASS
HABITAT
HALL
HOME
HOUSE
LUMBER
MASONRY
MATERIAL
OCCUPANCY
OFFICE
PAINT
PEOPLE
ROOF
SECURITY
SHELTER
STEEL
STORE
TALL
TOOLS
WALL
WOOD
WORK

Built-Up

M C K T N I A P L U M B E R
C C I Y N Y P E O P L E O E
O H E T T E N S S S K C M T
D H U I Y O M A T E R I A L
E A O R L E O T P A O F S E
W Y C U C I S L R M W F O H
A S C C S H N C S A O O N S
L T U E S E H G A T P C R F
L E P S H I H D T L O A Y L
A E A S T A D W E M A R F O
T L N E A I L E M O H T E O
G S C N T J E L E V A T O R
N T Y I I L B L O C K S J R
H R O S B N G I S E D O O W
R N A U A E E N G I N E E R
I H E B H E N G R O O F V O

Solution on Page 318

AMARYLLIS
ASTER
BLOOMING
BLOSSOM
BOUQUET
BOWS
CORSAGE
CUT
DAFFODIL
DAISY
DECORATE
DELIVERY
DESIGN
FLORIST
FLOWERS
GARLAND
GERANIUM
GIFTS
GREEN
HYACINTH
IRIS
LILIES
LOVE
MARIGOLD
ORCHID
PEONY
PETALS
PETUNIA
PICKED
PLANT
PURCHASE
RIBBON
ROSES
SMELLS
TULIPS
VASE
VIOLET
WATER
WEDDINGS
WREATH

Buy Flowers

P L A N T E U Q U O B M S R
Y O N R C U T D T T P U A E
S N I G I S L A T E P I S T
M T O Y I B N F R L U N T A
E O S E R S B F O O R A E W
L S S I P E E O Q I C R R K
L G I S R V V D N V H E H N
S N B L O O M I N G A G D O
P I I C L L L L L T S N F R
I D A I S Y B F H E E E L C
L D L O G I R A M U D E O H
U E H T N I C A Y H S R W I
T W S E I L I L M I S G E D
E S A V D N A L R A G L R C
R O S E S T F I G B O W S A
K G A I N U T E P I C K E D

Solution on Page 318

BLADE
BUCKET
BURY
COAL
CONSTRUCTION
DIG
EQUIPMENT
GARDEN
GRAVE
GROUND
HAND
HOE
ICE
LANDSCAPE
LIFT
LOADER
MANUAL
METAL
MOVE
MUD
ORE
PIT
PLANT
POST
POWER
PRODUCTIVITY
SAND
SCOOP
SHARP
SHED
SNOW
SOIL
SPADE
SQUARE
STEAM
TOY
TRENCH
TROWEL
WOOD
YARD

Shovel It

G V R N K P O S T T W H Y Y
I M X M U D P K F S N O W A
L Y C W E X S G I D T E O R
M R O D P T Z H L N E E D D
C E N S A G A S A V J E A D
B W S C C R K L O R H H P M
U O T O S O P M C S P A D E
Y P R O D U C T I V I T Y M
A U U P N N K R I L E S T B
Q I C G A D X G A K H Q R L
Y O T A L W R U C H A U O A
P M I R L A N U S C N A W D
E R O D V A B B O N D R E E
J T N E M P I U Q E N E L C
S I I N P U F R R R A Y N I
R P T Y N S B Y N T S O I L

Solution on Page 318

ACTIONS
ADDRESS
BEHAVIOR
CAREFUL
CHARMING
CIVIL
COMPANY
CONDUCT
CORRECT
DECORUM
EATING
FORMAL
FRIENDLY
GIFT
GRACEFUL
GRACIOUS
GREETING
GUEST
HUMBLE
KIND
MEALS
PLEASE
POISE
POLISH
PRAISE
PRIVACY
PROPER
QUEUE
RUDE
SOCIAL
STYLE
SUBTLE
SWEET
TACTFUL
THANKS
TIDY
TIPPING
TONE
TURN
VIRTUE

Mind Your Manners

E L T B U S L A E M L F F M
U Q O H S O P O L I S H A G
T U N U T C E R R O C L N J
R E E M Y I O T I P P I N G
I U Y B L A S N H V T V I O
V E D L E L P N D A A I L L
G S G E D N I K E U N C S U
G N N O Y N A P M O C K Y F
R O I V A H E B Y D I T S T
A U T M A C T I O N S M Z C
C E E F R S S E R D D A A A
I S E S I A R P T F H R H T
O I R M T G H E S A E L P S
U O G U G R A C E F U L B X
S P R O P E R M U R O C E D
T N F O R M A L G S W E E T

Solution on Page 319

ANTIQUES
APPLIANCE
BOAT
BRACELET
BUSINESS
CAR
CHOCOLATE
COLOGNE
COMPUTER
DIAMOND
EMERALD
ESTATE
FERRARI
FINE ART
FLOWERS
GOLD
HORSE
HOUSE
JET
LAND
LEATHER
NECKLACE
PAINTING
PET
PHONE
PIANO
POOL
PURSE
RING
ROLEX
ROSES
SILK
SPA
TABLET
TRIP
TRUFFLES
VILLA
WATCH
WINE
YACHT

Expensive Gifts

C H T H C A Y K E N I W T P
J J W E J G P J F N X X O U
S S E N I S U B L E E O T M
S E L F F U R T O C L P W J
Q P U R S E W D W K O I G U
O P A Q H I L M E L R A N Z
C C A T I A L T R A E N I F
T H A I R T M K S C T O R J
E E O E N M N P N E U C A E
L F M C N T A A P H P I R T
B E D L O G I D N O M A I D
A R S D V L O N I R O S E S
T R N T P I A L G S C V B O
B A Q P A F L T O E N O H P
L R A W B T E L E C A R B D
J I H O U S E W A T C H M N

Solution on Page 319

ABRASION
BEACH
BREAKDOWN
CHANGE
CLIMATE
COLLAPSE
DAMAGE
DELTA
DEPOSITS
DIRT
DROUGHT
EARTH
ECOSYSTEM
FARMING
FLOOD
GEOLOGY
GLACIERS
GRASS
GROUND
GULLY
HILL
ICE
LAND
LOGGING
MINERALS
NATURE
PEBBLES
RAIN
RIVER
ROCK
ROOTS
RUNOFF
SAND
SEDIMENT
SILT
SOIL
SOLIDS
WATER
WEATHER
WIND

Eroding

L S I C E G A M A D U B P Y
T Z T A N S N A T U R E P L
M L R O W D P C W H B A A L
G T I N O I S A R B A C T U
H D V S D R W M L K O H L G
B X E L K T I E K L C W E N
S S R M A N S A N D O O D I
D P T N E M I D E S L C R G
I L F R R T J X R O D S W G
L C A E B C S F G O T N E O
O L R T G H R Y F I U L A L
S I M A R A I N S O I G T L
S M I W O N P O L O N T H Y
A A N I U G P J S L C U E T
R T G N N E G L A C I E R S
G E R D D O O L F H A H D E

Solution on Page 319

APPEAL
ATTORNEY
AUTHORITY
BAR
BENCH
CASE
CIVIL
COURTROOM
CRIMINAL
DEFENSE
DISPUTE
DOUBT
EVIDENCE
FAIR
FEDERAL
FILES
GALLERY
GAVEL
HANDCUFFS
HEARING
HOSTILE
IMPARTIAL
JUDGE
JURY
JUSTICE
LEGAL
PLAINTIFF
PRESIDING
PROSECUTE
SENTENCE
STATE
SUBPOENA
SUMMONS
TESTIMONY
TRIAL
TRUTH
VERDICT
VINDICATE

Court of Law

L E G A L L E R Y E G D U J
E Y E N R O T T A E I H U S
V L M T G N I D I S E R P E
A I T O R R J E P N Y F R N
G V E T O U I U W E G I O T
N I S H S R T A S F V L S E
I C T T Y E T H F E I E E N
R U I L F E F R F D N S C C
A C M A A L F L U D D U U E
E V O R N I I A C O I M T V
H E N E E T T I D U C M E I
C R Y D O S N R N B A O S D
N D I E P O I T A T T N A E
E I D F B H A R H P E S C N
B C W U U H L A N I M I R C
E T A T S A P P E A L I D E

Solution on Page 319

ANCESTOR
AUNT
BLOOD
BOY
BROTHERLY
BUDDIES
CAMARADERIE
CLOSE
CONNECTED
DISTANT
FAMILY
FAVORITE
FIRST
FOURTH
FRIENDSHIP
FUN
GAMES
GENERATION
GIRL
HALF
KIN
MATERNAL
PEERS
PLAYMATES
RELATION
REMOVED
REUNION
SECOND
STEP
THIRD
TOGETHERNESS
VISIT
WILL

Cousins

I T H I R D E Y K W I L L Q
S F O U R T H F L Q R S T J
J E D G C A A V N I R P S H
G T C O E V L U G E M L R H
A M F O O T F X E G T A I Z
M I R R N L H P N B O Y F K
E P I D B D B E E L G M E R
S T E I R E D A R A M A C H
E I N S O T E N A N R T C A
I S D T T C U C T R E E L R
D I S A H E S E I E L S O W
D V H N E N P S O T A M S F
U T I T R N D T N A T T E S
B K P N L O W O F M I Y N U
I K C U Y C W R E M O V E D
V M C A J Q E N O I N U E R

Solution on Page 320

BEACH
BULLION
BURIED
CASH
CAVE
COINS
FORTUNE
GEMS
GOLD
GUARDED
HEAVY
HIDDEN
HOARD
HOLE
JEWELRY
KEY
LOOT
LOST
MAP
METAL
MONEY
NUGGETS
OCEAN
OPALS
PEARLS
PIRATE
PRIZE
RICHES
RINGS
ROCK
RUBIES
SAND
SEA
SHIP
SILVER
STASH
STEAL
STURDY
WEALTH
WOODEN

Treasure Chest

Y H I L A E T S I L V E R H
U O X F A L W B E R E H I E
I L G O L D P S I H S C C W
D E D R A U G N T C L M H V
Y M S T E G G U N A S O E T
E V K U H S F B B E S T S G
N V A N O I L L U B A H N T
O N J E W E L R Y R Z H I G
M A P M H A M D I H I P O P
K L O O T N R P N D O E C Q
C A V E H U S K D A P A D H
O R M D T O C E A N S R R U
R I P S L B N Y I H D L P D
Q Q S L A P O G M B W S E A
A M H N E D O O W H U L F O
N Z W Z W I L B E Z I R P X

Solution on Page 320

ANIMALS
ART
BALL
BATS
BIKE
BLOCKS
BOOKS
BOXES
BUS
CHESS
COMPUTER
COWBOY HAT
CRAFTS
CRAYONS
DIRT
DOLL
ELECTRONICS
FIGURES
GAMES
IMAGINATION
JUNGLE GYM
LEGOS
MUSIC
PAN
PLANE
POGO STICK
PUPPET
PUZZLE
REMOTE
SHOVEL
SLIDE
SPOON
STICKERS
SWINGS
TEA SET
TOY
TRAIN
TRIKE
TRUCKS
WAGON

Playthings

B A T S W I N G S T F A R C
T C U H C O L T R I K E Q I
T R A V G K I L E G O S Q S
C A A A Z C L R A P V K K E
P Y W I K I E M C B P C C M
Z O I E N T V Y O C O U Q A
M N R M U S O G W L D R P G
U S E P A O H E B T B T A N
S K M U H G S L O E S X N O
I O O Z O O I G Y A E S I O
C O T Z S P D N H S R S M P
V B E L V X I U A E U E A S
B O X E S F R J T T G H L L
U I E L E C T R O N I C S I
S S K D O L L Y B Z F O F D
B W G E J M H H G P L A N E

Solution on Page 320

ALLSPICE
ANISE
BASIL
BAY LEAF
CARAWAY
CARDAMOM
CATNIP
CAYENNE
CHICORY
CHIVES
CHUTNEY
CINNAMON
CLOVES
CUMIN
CURRY
DILL
FENNEL
GINGER
GINSENG
LICORICE
MACE
MARJORAM
MUSTARD
NUTMEG
ONION
OREGANO
PAPRIKA
PARSLEY
PIMENTO
RELISH
ROSEMARY
SAFFRON
SAGE
SALT
SAVORY
SORREL
TARRAGON
TURMERIC
VINEGAR

Make It Tasty

L F O N C Y S A F F R O N I
I E N U X H R D S E V O L C
S N I T F Y U O R A M O I U
A N O M A G R T C A V C Y M
B E N E E R I A N I T O R I
V L A G L C R N M E H S R N
I M G A Y D I A S E Y C U Y
N T E S A C N P G E S A C M
E U R M B I C A S O N O C Y
G R O S S S A B K L N G R E
A M T E C I R O C I L N M L
R E N V A M A R O J R A M S
L R E I T A W T L A S P A R
L I M H N C A Y E N N E A A
I C I C I E Y G I N G E R P
D G P K P H S I L E R R O S

Solution on Page 320

ABDUCT
ALIEN
ANOMALY
ANTENNA
ARIZONA
CIRCLES
CLOUDS
COMETS
CRASH
FEAR
FLASH
FLYING
HOAX
HOVER
INVADE
LAND
LIFE
LIGHT
MANTELL
METEORS
MYSTERY
NIGHT
PILOTS
RADAR
ROSWELL
SAUCER
SECRET
SETI
SHINY
SHUTTLE
SIGNS
SKY
SPACE
STRANGE
STREAK
STROBE
STUDY
TRAVEL
UFOLOGY
UNUSUAL

UFOs

S P L L E T N A M Z M R K P
S H I N Y R W N L E V A R T
G Q F L J D A N T A G A A H
L F E R O S W E L L N N D G
E S L U Y T O T F O I G A I
B C T A F R S N M G Y S R L
O O C U S O E A H A L E B R
R M T B D H L T N Z F L E E
T E E V I Y U O S O X C G V
S T R E A K G T G Y Z R N O
P S C L O U D S T Y M I A H
A D E U N U S U A L N C R S
C R S V D N A L W V E D T A
E E Y J G B I X A O H V S R
M I K I I E A D X U P S S C
K D S Y N R E C U A S E T I

Solution on Page 321

ACTIVIST
AMERICAN
ANNE MORROW
ARMY
ATLANTIC
AUTHOR
AVIATOR
BABY
BARNSTORMING
CELEBRITY
CHILD
COMMERCIAL
CRASH
EXPLORER
FAMOUS
FIRST
FLY
FRANCE
HAUPTMANN
HERO
HISTORY
INVENTOR
KIDNAP
LANDING
LINDY
LONE EAGLE
LUCKY
NEW YORK
OCEAN
PARIS
PILOT
PIONEER
PLANE
RADIO
RANSOM
RECORD
SKY
SOLO
SPIRIT
WAR

Lucky Lindy

O S I R A P L M O S N A R T
I O P Y I A U T H O R Y A S
D C T I N N E W Y O R K W R
A E H D R X V Y B A B S S I
R A I E W I R E C O R D H F
G N I M R O T S N R A B A C
G E X P L O R E R T M M U O
A A C R A S H R C P O L P M
R C H A Q T D E O U R R T M
M T I L M O L O S M E L M E
Y I L O N E E A G L E I A R
L V D Z B T R G N K N N N C
U I Y R O T S I H T O D N I
C S I L F R A N C E I Y O A
K T I R O T A I V A P C L L
Y P L A N E R K I D N A P F

Solution on Page 321

ACADEMICS
ADJUNCT
ADVICE
AFFILIATE
ASSISTANT
AUTHOR
CAMPUS
CAREER
CLASSROOM
COLLEGE
COURSE
DOCTOR
EDUCATES
ESSAYS
EVALUATES
EXAM
EXPERT
FACULTY
FAIRNESS
GRADES
GUIDES
HEAD
INFORMED
JOURNALS
LABS
LECTURE
LESSONS
MENTOR
OFFICE
RESEARCH
SEMINAR
SKILL
STUDENTS
TEACHER
TERM
THEORIES
TRAIN
WRITING

Professors

T W L L I K S C A R E E R R
O S R R E H C A E T Y X O W
F E S I S C W M M R T A S A
F T J S T N T P O E L M E U
I A T O E I O U O P U I T T
C C C E U N N S R X C N A H
E U N A S R R G S E A F U O
S D U H D R N I S E F O L R
S E J R C E U A A I L R A A
A G D R T R M O L F A M V N
Y E A O U R A I C S A E E I
S L L T D O A E C I V D A M
B L T N A T S I S S A B O E
A O E E E C S T N E D U T S
L C R M H O T H E O R I E S
Y Y M S E D A R G U I D E S

Solution on Page 321

ANALYST
ASSISTANT
BENEFITS
BUSY
CHAIRMAN
CLIENTS
COMPANY
CONFERENCE
CUBICLES
DIVISIONS
FIRED
FORMAL
GUIDELINES
HIERARCHY
HIRED
MAIL ROOM
MANAGEMENT
MANNERS
MESSAGES
MISSION
PRESIDENT
PUBLIC
RESEARCH
RESPECT
RETREAT
RULES
SECRETARY
STRUCTURE
STYLE
SUIT
SYSTEMS
TELEPHONE
TIE
TRAINING

Business Life

B R U T S P G S R E N N A M
E C E C N E R E F N O C E A
N S H S A E N E D E R I H I
E S T A E N M I S S I O N L
F R I S I A A E L I U W Z R
I T U Z Y R R L G E D D E O
T E S T H S M C Y A D E E O
S L E L C R T A H S N I N M
T E L A R U N E N S T A U T
R P C M A L R O M I C Y M G
A H I R R E I T B S E Y L O
I O B O E S T U S T P X W E
N N U F I T S E G A S S E M
I E C V H Y A S T N E I L C
N C I L B U P R E T R E A T
G D C O M P A N Y D E R I F

Solution on Page 321

ACADEMIC
ADVANCED
BLACKBOARD
BOOK
CLASS
COACH
CONTENT
CULTURAL
DEVELOP
DRILLS
EDIFYING
EDUCATE
EXAM
EXERCISES
EXPLAIN
HOMEWORK
IMPROVING
INSTRUCT
LEARN
LECTURES
LIBRARIES
MAGAZINES
MODEL
MUSEUM
PAPER
PENCIL
PRACTICE
PROFESSOR
QUIZ
RESEARCH
SCHOOL
SHOW
SKILL
THESAURUS
UPLIFTING

Learn Something

E W T G S E C I T C A R P K
F X L K N E D I F Y I N G D
X C E N O I I W M U E S U M
J L J R H O V R R E P A P K
G B L A C K B O A R D M E H
E N N E A I S S R R E A N C
D D I L O S S S S P B I C R
U E A T C L L E D O M I I A
C C L H F L N F S S S I L E
A N P E V I L O O H C S E S
T A X S Z R L R Y O Y K C E
E V E A X D D P N W M I T R
P D G U C U L T U R A L U N
D A K R O W E M O H X L R E
M Z I U Q N I P O L E V E D
Q I N S T R U C T C L A S S

Solution on Page 322

AVIATOR
BIFOCAL
BINOCULARS
BRIDGE
COLORS
CONTACTS
COSTLY
EYEPIECE
FRAMES
GLASSES
GOGGLES
HINGE
LENSES
LIGHT
METAL
MONOCLE
NECESSARY
NOSE PAD
OVAL
PILOT
PLASTIC
PRACTICAL
READING
RECTANGLE
RIMS
ROUND
SAFETY
SCREWS
SHADES
SIGHT
SQUARE
STATEMENT
TELESCOPE
TEMPLE
TITANIUM
TRENDY
TRIFOCAL
WAYFARER

Eyewear

M E S H A D E S J W L K C S
E G D I R B Y A P A I R L W
T N O S M I R F R Y G O A E
A I B G S C A E A F H U C R
L H F I G O S T C A T N O C
F Y B T N L S Y T R A D F S
R D I H E O E G I E V G I L
A N F G L R C S C R I L R T
M E O I P S E U A T A A T E
E R C S M B N C L Q T S S L
S T A T E M E N T A O S E E
P I L O T P S Q U A R E S S
Q L M U I N A T I T N S N C
N A D T G N I D A E R G E O
R V Y L T S O C I T S A L P
M O N O C L E Y E P I E C E

Solution on Page 322

BEAR
BLANKET
BUNNY
CARPET
CHICKS
CUB
DOG
EARMUFFS
FEATHER
FELT
FLEECE
FUR
GERBIL
HAIR
HAMSTER
IDEAS
KITTEN
KIWI
LAMB
LIGHTS
LINT
LOGIC
MANE
MEMORY
MOSS
PANDA
PEACH
PILLOW
PLANT
PONY
PUPPY
RABBIT
ROBE
RUG
SCARF
SOCKS
SWEATER
VELOUR
VISION
YARN

Fuzzy Things

T M S O C K S G U R L A M B
K P Q G I R F S W E A T E R
M X K I W I F T E H K B M A
V D M Q I A U X P T L A O E
L T J K S H M Z A A N R R B
V L V A Y A R N N E U A Y R
B E G S X M A K D F B F Y P
V F L T G S E E A B P R P I
N F R O K T V C I I A B P J
F O D C U E A T L W R L U Z
R L I A S R T L K L A O P C
A H E S P N O M I N O O B P
C A O E I W C B T G N G L E
S M T L C V R D T Y H R I A
T X K S A E D I E C B T B C
J H J S G U E Y N N U B S H

Solution on Page 322

BILL
BUDGET
CABLE
CHECK
CITY
COMMERCIAL
COUNTY
CREDITS
CURRENT
CYCLE
DEPOSIT
DUE
ELECTRIC
ENERGY
FEE
GAS
METER
MONEY
PAYMENT
PHONE
PROVIDER
PUBLIC
RATES
REPAIRMAN
RESIDENTIAL
SATELLITE
SERVICE
SEWER
SURCHARGE
TAXES
TRASH
USE
UTILITIES
WATER

Utility Bills

W K V S E X A T R A S H Y Z
A W I X U N C A B L E G T G
T E C Y Y S E P H O N E N B
E C I R T C E L E R E D U E
R E P A I R M A N E R D O Q
G E L U C J Z I S T G P C T
Z S C C A H S T A E Y A M U
H E E I Y W T N T M T X S S
X I G T V C I E E C I R P N
N T F R A R D D L Y R E U I
L I S C A R E I L E R D B K
H L E J H H R S I N B I L L
M I W W C E C E T O K V I P
C T E L A I C R E M M O C D
C U R R E N T K U F Q R K V
F P A Y M E N T I S O P E D

Solution on Page 322

ANTIGUA
ARUBA
BAHAMAS
BALI
BARBADOS
BEACHES
BERMUDA
BIKINI
BORA BORA
BRAZIL
CARIBBEAN
COCONUTS
CUBA
EASYGOING
ESCAPE
EXOTIC
FIJI
GETAWAY
HAMMOCK
HAWAII
HIBISCUS
HIKING
HULA
ISLAND
JAMAICA
LEI
MALDIVES
PARADISE
RESORTS
SERENITY
SWIMSUIT
TAHITI
THAILAND
TOURISM
TRAVEL
TROPICAL
VACATION
VANUATU

Tropical Paradise

H I K I N G L I Z A R B T W
S T U N O C O C I T O X E S
H W B B O R A B O R A P O T
A D E I T O U R I S M D H R
M N A E T R O P I C A L X O
M A C L X I A A A B U R A S
O L H E X C H R R E B R T E
C S E V I D L A M P A E H R
K I S A B K B D T A B A A E
Y B M R H I B I S C U S I N
A A E T I I U S W S C Y L I
J H W R I S W E P E Y G A T
A A F A M V A C A T I O N Y
L M W I T U B I K I N I D X
U A W J J E D U T A U N A V
H S B A L I G A N T I G U A

Solution on Page 323

BOUTONNIERE
CHAPERONES
CORSAGE
COUPLES
CUMMERBUND
CURFEW
DANCE
DATE
DINNER
DRESS
EXPENSIVE
FLOWER
FOOD
FORMAL
HAIR
JEWELRY
JUNIOR
KING
LIGHTS
LIMO
LOVE
MEMORIES
MUSIC
PARTY
PHOTOS
PUNCH
QUEEN
RESTAURANT
ROMANCE
SCHOOL
SENIOR
TABLE
TEEN
THEME
TUXEDO
VENUE
VEST

Going to the Prom

W S E N V C W S Q R E R L B
Z R E W O L F F E U I U O O
W D L I G H T S I A E N V U
S E N O R E P A H C E E E T
T O F U C O U P L E S T N O
H E T R B R M U T T A A U N
E L X O U R O E M D R K E N
M Q M P H C E M M U E I O I
E I J N E P C M A D A N C E
L G L E S N J T M N T G I R
P C A G W U S U Q U C S Z E
U A M S N E S I X I C E Q N
N D R I R I L E V H A N S N
C R O T C O D R O E O I O I
H R F U Y O C O Y D O O F D
P S A T A B L E S S E R D O

Solution on Page 323

AMP
APPLIANCE
ARC
BATTERY
BULB
CIRCUIT
COMPUTER
CONDUCTION
CORD
COULOMB
CURRENT
EDISON
ELECTRONS
ENERGY
ENGINE
FIELD
FORCE
HEAT
HOUSE
INDUSTRY
LIGHT
LINES
MAGNETIC
METER
MOTOR
OUTAGE
OUTLET
PLUG
POTENTIAL
POWER
RESISTOR
SHOCK
SOURCE
STATIC
SURGE
SWITCH
UTILITY
VOLT
WATTAGE
WIRE

Electrical World

D D L E I F F R O T O M A W
X V T I C U R R E N T E O E
R C E L N R Y T I L I T U N
T I O D O E U H S U U E T I
O T L U I V S O C U C R L G
U A H G L S C B S T R A E N
T T E G U O O I A E I G T E
A S A G I L M N T T C W E N
G P T B A L P B N E T O S E
E O P U I T U E G E N E S R
S W E L E C T R O N S G R G
H E I B I O E A G E A U A Y
O R P R P A R C W I C O O M
C O R D E I N D U S T R Y H
K O C O N D U C T I O N O W
A Z R O T S I S E R P M A F

Solution on Page 323

ADOPTION
AFFECTION
BATHE
BED
BOX
BRUSH
CARRIER
CATNIP
CHOW
COLLAR
CRATE
DISH
EXERCISE
FOOD
GROOM
HAIRBALL
HARNESS
HUNTING
KIBBLE
LEASH
LINERS
LITTER
MEDICINE
MOUSE
NEUTER
PLAYING
SCOOP
SHAMPOO
SHELTER
SHOTS
SPAY
STRING
STROKE
TAG
TOYS
TRAINING
TREATS
TRIMMING
VET
WATER

Cat Care

B E D J M L H S I D S Y O T
A K N G M L R E K O R T S B
T D H O N I G L E A S H H R
H R O A O I I C Z B A C E U
E R E P I T Y N I M O B L S
G E T T T R G A P L G X T H
L F A E C I B O L N I A E O
L G R V E T O A I P E M R T
C I C P F S R N L R D E H S
U A N M F O I I T L C D U W
E R T E A A O C M A F I N O
S S E N R A H D R M G C T H
C P U T I S P R L E I I I C
O A H O U P I T Z W X N N D
O Y H H M E K I B B L E G M
P W S T R I N G W A T E R T

Solution on Page 323

ART
BAG
BLANK
BOOK
COATED
COLOR
COPY
CUP
DESK
DOLLS
DRAW
ERASER
FIBER
FOLD
GLOSS
GRAPH
HAT
INK
JOURNAL
LETTER
MILL
MONEY
NEWS
NOTE
OFFICE
PAGES
PLANES
PULP
REAM
SCHOOL
SHEET
SIZE
STACK
TISSUE
TOWEL
TREE
WHITE
WOOD
WRAP
WRITE

Paperwork

B S K S D S Q G K O O B X M
D P T O W E L N S N A Y A K
Q T O E Q O A E O U I U S G
M W N F S L N G G T H Q B L
X C A S B A R E T T E L U Y
V S O P L A U C R O L O C N
M R S P P H O Q S L L O D N
L O N H Y A J F D D I H R N
V P N R T T O S F E M C A J
D U E E R A S E R I S S W S
K L D B Y T B S T A C K H I
S P O I Y N T I S S U E I Z
S F U F K W R I T E E P T E
H X U C H Y W R V T G T E T
F X S B I L E S R V M A E R
H J U D G E Z A T W R A P Q

Solution on Page 324

ANORAK
BALACLAVA
BATHROBE
BEANIE
BOOTS
CARDIGAN
COAT
CORDUROY
DOWN
FLANNEL
FLEECE
HAT
HEADBAND
HOOD
JACKET
JEANS
LAYERS
LEGGINGS
LONG JOHNS
LONG UNDERWEAR
MASK
MITTENS
MUFF
PANTS
PARKA
PULLOVER
SCARF
SLACKS
SLIPPERS
SNOWSUIT
SOCKS
SWEATER
THERMAL
TIGHTS
TURTLENECK
VEST
WOOL

Warm Clothes

V T E K C A J T H E R M A L
F C S R L A Y E R S S I N O
S T N A P A R K A T I T O O
L Z B N U Y B D H N S T R W
A F B W L E O G I L S E A O
C L H O L L I R I G U N K J
K A E D O T E P U T A S F Q
S N A U V T P G U D A N L M
W N D H E E S R G M R H E U
E E B O R H T A B I U O E F
A L A S H L D O O H N J C F
T F N B E A N I E H L G E Y
E R D N L T I U S W O N S X
R A E W R E D N U G N O L T
G C O A T A V A L C A L A B
K S K C O S T S E V B H A P

Solution on Page 324

ANAGRAM
BEWILDER
BRAINTEASER
CHESS
CRIBBAGE
CRYPTOGRAM
DIFFICULT
DISASSEMBLY
ENIGMA
FUN
GAME
GEOMETRY
HIDDEN
ILLUSIONS
INTERLOCKING
JIGSAW
LABYRINTH
LOGIC
MAGIC TRICK
MATH
MAZE
MENTAL
MIND BENDER
NUMBER
PENCIL
PICTOGRAM
PICTURE
PIECES
PROBLEM
QUIZZES
RIDDLE
SOLVE
TEST
THINK
TRYING
VISUAL
WORD

T H I D D E N W A S G I J E
H E T P I C T O G R A M M G
R T S S E H C R I B B A G E
C E A T E L D D I R G G E R
R Y B M A R G A N A N I O U
Y L B M E S S A S I D C M T
P R R V U I C M K N L T E C
T E P E I N L C T T A R T I
O D K E D S O L V E B I R P
G N N P N L U S U A Y C Y I
R E I H R C I A M S R K I E
A B H E I O I W L E I V N C
M D T F T E B L E R N O G E
C N F C I G O L J B T T N S
I I U Q U I Z Z E S H Y A S
D M B F M E N I G M A Z E L

Solution on Page 324

ANSWERS
ANTS
ATTITUDE
CAT
CHILDREN
CHIMPANZEE
CHOICES
COLLEGE
COMPUTER
CURIOUS
DOG
EAGLE
ENGINEER
EXPERT
FALCON
GENIUS
HAWK
HONORS
HORSE
LAWYER
LEARN
OCTOPUS
OWL
PARROT
PEOPLE
PHONES
PHYSICIAN
PIG
PLAN
PRODIGY
PROFESSOR
RAT
ROBOT
SAVINGS
SCHOLAR
SCIENTIST
SQUIRREL
TEACHER
THINKING
WHALE

Smart Things

D P H O N O R S A V I N G S
S S C H O L A R P L A N O U
G R C H O I C E S T N A C O
E N E I C H I L D R E N T I
N L I W E P R O F E S S O R
I R P K S N C I Z T R U P U
U E A O N N T N S G O D U C
S T O E E I A I V S H T S O
E U K N L P H Y S I C I A N
N P W G M A T T I T U D E R
O M A I H A T R E P X E L I
H O H N C N O C L A F L G T
P C L E R R I U Q S C A A O
J W G E G E L L O C E H E B
O I P R O D I G Y H G W E O
P A R R O T C Y L A W Y E R

Solution on Page 324

ALGAE
ANIMALS
ATMOSPHERE
BACTERIA
BIOLOGY
BIOSPHERE
BODY
BUG
CELL
COLONY
CULTURE
DISCOVERY
DISEASE
DIVERSE
ECOSYSTEM
EVOLUTION
FUNGI
GENETIC
GERM
HARMFUL
HEALTH
ILLNESS
INFECTION
INVISIBLE
LAB
LIFE
LIVE
MEMBRANE
MICROBE
NUCLEUS
ORGANISM
PROTOZOA
RESEARCH
SCIENCE
SICKNESS
SMALL
SPORE
STUDY
VIRUS
WATER

Microscopic Life

B O D Y T L R G E N E T I C
A E F I L L N E S S M Z S O
C H T L A E H A R M F U L L
T M L N U C L E U S R Y A O
E L B I S I V N I I R L E N
R R M A V I N E V E G R V Y
I E E S D E R F V A E S O A
A S C H I O U O E H R L L K
O E O I P N C N P C U A U S
Z A S S G S A S Y S T M T I
O R Y I I R O G C M L I I C
T C S D B M O I R A U N O K
O H T M T L E E B O C A N N
R H E A O N G D I S E A S E
P M M I C R O B E L L A M S
G U B E R E T A W Y D U T S

Solution on Page 325

ASSEMBLY
AUTOMATED
BOOTS
BUILDING
CAPITAL
CHEMICALS
COMPLEX
EMPLOYEES
EQUIPMENT
FORKLIFT
HEAT
INDUSTRY
INJURIES
INVENTION
LABOR
MARKET
MATERIALS
MILLS
NOISE
PERSONNEL
PLANT
POLLUTION
PRODUCED
PULP
RAW
RESOURCES
ROBOTICS
SHIPPING
SUPPLIES
TEAMWORK
TOOLS
TRUCKS
UNIFORMS
WAREHOUSE
WORKERS

Manufacturing Plant

S H I P P I N G T E K R A M
C F W W Y L B M E S S A R T
I X E L P M O C M K L B E H
T T I Q L H H S P C A U S I
O X O F U P O L L U T I O N
B Y P O P I A L O R I L U D
O I E R L N P I Y T P D R U
R I R K T S Y M E D A I C S
P N S L A C I M E H C N E T
R J O I B O O T S N E G S R
O U N F S L A I R E T A M Y
D R N T S M R O F I N U T S
U I E N O I T N E V N I R T
C E L T E A M W O R K E R S
E S U O H E R A W R O B A L
D A E S U P P L I E S I O N

Solution on Page 325

APPLE
AUTUMN
BOOTS
BRANCHES
BROWN
CHANGE
CHESTNUTS
CHILL
CIDER
CLOUDS
COATS
COLORS
COOL
CORN
CRISP
CROPS
FEAST
FIELD
FOOTBALL
GATHERING
GLOVES
GOURD
HARVEST
HATS
HAYSTACK
HUNTING
JACKETS
LEAVES
MAIZE
MITTENS
ORANGE
OVERCAST
PUMPKIN
RAIN
RAKE
SCHOOL
SQUASH
STRAW
SWEATERS
WIND

October and November

Y S D U O L C O L O R S Q Y
F W T S A E F C R O P S E X
S E P U M P K I N C O L P B
Y A A S N F T W A D P H R G
R T B E M T O S G P A A C H
E E O V O R S O A C N T O S
D R O A B R H E T C O S O A
I S T E K C A J H B R A L U
C C S L U O Y E E C A E T Q
R H A R V E S T R A W L V S
I A I C B N T F I E L D L O
S N U L E R A G N I T N U H
P G I T L O C J G L O V E S
X E T A U C K I D R U O G R
W I N D R M A I Z E K A R L
M A X C E G N A R O H Y Y V

Solution on Page 325

ACCOUNT
ADAMS
ALEXANDRA
AUTHOR
BIOGRAPHER
BOOK
CANDOR
CHRONICLE
CHURCHILL
CLARK
CLEOPATRA
CONGRESSMEN
EINSTEIN
ELI WHITNEY
EXPERIENCES
FACT
FAMOUS
FRANKLIN
HOUDINI
INFLUENCE
JOBS
LIFE
MORRISON
NEWSWORTHY
ORVILLE WRIGHT
PERSONAL
PERSPECTIVE
ROOSEVELT
THOMAS EDISON
TRUE
WRITTEN

Biographies

H M T W B F A M O U S R Y P
O O E H I N T A R A B O H T
U R V U O E T D V L C O T R
D R I I G M C A I E H S R U
I I T O R S A M L X U E O E
N S C F A S F S L A R V W L
I O E X P E R I E N C E S I
C N P D H R A K W D H L W W
P H S Z E G N O R R I T E H
E N R R R N K O I A L S N I
R E E O M O L B G H L I O T
S T P H N C I O H I B C F N
O T E T E I N S T E I N S E
N I Z U S A C C O U N T B Y
A R T A P O E L C A N D O R
L W F I N F L U E N C E J J

Solution on Page 325

ADHESIVES
BOXES
CALCULATOR
CALENDAR
CAMERA
CHAIR
CLIPS
COMPUTER
COPIER
DESK
EASEL
ELASTICS
ENVELOPES
EQUIPMENT
ERASER
FASTENERS
FOLDERS
FORMS
GLUE
HOLE PUNCH
INK
LABELS
LIGHTS
MARKER
MEMO BOOK
NOTEBOOKS
ORGANIZER
PAPER
PASTE
PENS
PLANNER
RIBBONS
RULER
SCANNER
SCISSORS
STAMPS
TABS
TACKS
TAPE
TONER

Office Supply Store

R S R E D L O F T A B S S J
R E I P O C D L L A B E L S
E P A O R G A N I Z E R K N
L O H R E K R A M P O O D E
A L C Z R E L U R T O R T S
S E V I S E H D A B B E A T
T V A A S H O L E P U N C H
I N R E P B U T Q S K N K G
C E E T I C O C U N K A S I
S S M S L N O A I E U L G L
N C A A C M E L P P A P E R
O A C P P A M E M O B O O K
B N N U S R E N E T S A F F
B N T E P A T D N T O N E R
I E L W S P M A T S M R O F
R R B O X E S R O S S I C S

Solution on Page 326

ADS
APPS
BING
BLOGS
BOOKMARK
CACHE
CHROME
CLICK
COMPUTER
COOKIES
ENGINE
FIREFOX
GOOGLE
HITS
HOMEWORK
INTERNET
KEYWORD
LINK
MALWARE
MOBILE
MOUSE
NEWS
OPERA
PAGE
PROXY
SAFARI
SEARCH
SITES
SPORTS
STORES
SURF
TAB
TOOLBAR
TOPIC
TYPE
VIDEOS
VIRUS
WEB
WINDOW
YAHOO

Web Browsing

Z L C B B P R O X Y A H O O
J Q L C I D R O W Y E K T K
L C I P O T F C L L A H P F
X H C R A E S E K B E W A I
T Q K D R S G O O G L E G D
A M V I S U C O M P U T E R
B V F N A O K R O W E M O H
L K S T F M C A C H E M W V
O B E E A P A B P E W M O C
G V I R R S S L M P E O D D
S O K N I T U O W P S B N Q
E P O E G I R O Y A F I I A
T E O T G H F T A K R L W V
I R C R C Q E N I G N E F M
S A D S T O R E S U R I V D
V I D E O S W E N G J W L O

Solution on Page 326

AUTUMN
BANSHEE
BLACK
BOGEYMAN
BROOMS
CACKLE
CANDY
CARVING
CAULDRON
COBWEBS
COSTUME
DARK
EERIE
FESTIVE
FOGGY
FOOD
GAMES
GHOST
GOBLIN
GOODIES
HORROR
KIDS
MACABRE
MAKEUP
MASKS
MOON
MUSIC
NIGHT
ORANGE
PRANKS
PUNCH
SCARY
SHADOWY
SNACKS
SPIDERS
SPOOKY
TREATS
TRICKS
WICKED
WITCH

Happy Halloween

W I T C H E S E M A G U I S
T F O G G Y V B L A C K H K
R P A K O O D I M S K L C N
E W Q R B C O S T U M E N A
A I S A L G O D S S S B U R
T C K D I F F B I K E I P P
S K C A N S I M W E S F C C
Y E I N M U T U A E S A S P
D D R D E L K C A C B C M S
N V T C S E I R E E A S O P
A P S H A D O W Y U N B O I
C E G N A R O L L T S Z R D
L S C A R Y V D W H H B B E
S P O O K Y R I J V E G Z R
S I H G H O S T N G E V I S
E M O O N A M Y E G O B E N

Solution on Page 326

AMETHYST
ANKLET
BANGLES
BRACELET
BRIGHT
BROOCH
CARAT
CHARMS
CHOKER
CROWN
DESIGNER
DIAMOND
ELEGANT
EMERALD
FACET
FLASHY
GARNET
GEM
GIFT
GLAMOUR
GOLD
IVORY
JADE
NECKLACE
OPULENCE
PEARL
PENDANT
PRESENT
RICHES
RING
RUBY
SHINY
SILVER
SPARKLE
STUDDED
STYLISH
TIARA
TOPAZ
WATCH
WEDDING

Fine Jewelry

Y L H B R O O C H Y N I H S
B R U D U F B A R A I T C U
U A G L O S C R V N S E T P
R E M A M D R I A E A C A E
M P L R A N O N L C M N W N
F Y A E L O W G J K E E I D
A H J M G M N Q O L T L D A
C S E E T A R A C A H U E N
E A H V B I N E H C Y P S T
T L D E D D U T S E S O I E
H F D A E F N S I L T Z G L
G N I D D E W E L K E A N K
I N A G S S H H Y R N P E N
R J R E K O H C T A R O R A
B Y R O V I S I S P A T N B
Z P S I L V E R S S G O L D

Solution on Page 326

ANALYZE
ANSWER
BEAKER
BLIND
CLASS
COMPOUND
CONCEPT
CONCLUSION
DISCOVER
EMPIRICAL
EQUATIONS
EVALUATION
EXPERIMENT
FACTS
FILTRATE
GUINEA PIG
KNOWLEDGE
LAB RAT
LABORATORY
LEARN
MICROSCOPE
PREPARE
PROBE
QUESTION
REAGENTS
REFERENCE
SEARCHING
SEEKING
SOLUTION
SPECIMEN
STUDY
THEORY
THESIS

Scientific Investigation

B N O I T U L O S I S E H T
R E W S N A F I L T R A T E
A M A O Y S E A R C H I N G
L I E K O D C O M P O U N D
A C P U E Q U A T I O N S E
B E O T Y R O T A R O B A L
R P C O N C L U S I O N E W
A S S D R E E F T G Q M E O
T P O N A W M A D U P S C N
P R R I E S U I E I A T N K
E E C L L L S S R N H C E C
C P I B A C T I A E E A R L
N A M V O I C L O A P F E A
O R E V O A Y R R P L X F S
C E E N L Z Y G N I K E E S
P R O B E S T N E G A E R H

Solution on Page 327

BROWNIES
BUTTERSCOTCH
CAKE
CANDY
CARAMEL
CEREAL
CHOCOLATE
COOKIE
CREAM
DESSERT
DONUT
FONDANT
FROSTING
FUDGE
GLAZE
GUMMIES
HONEY
ICING
JAM
JELLY
JUICE
MOUSSE
PASTRY
PIE
PRALINES
PUDDING
SHERBET
SNACKS
SODA
SPRINKLES
SWEET
SYRUP
TAFFY
TARTS
TOFFEE
TRUFFLES

Sugary Food

T A F F Y A J B S K C A N S
A T H S T R A T S H K I V W
X U C T N A D N O F V F B E
I N T M A E R C S Y H R G E
C O O K I E O E E W C O L T
I D C S E L K N I R P S A A
N Q S X A A O G N G Y T Z P
G S R T C H N L W U L I E C
K S E R E I B T O T L N S A
M Y T N D S O Y R A E G H N
A R T D I F S U B E J Z E D
J U U P F L F U P A S T R Y
U P B E E F A S O D A S B O
I Y E G L C A R A M E L E H
C E R E A L L C P I E B T D
E F S E I M M U G F U D G E

Solution on Page 327

ABSOLUTISM
ACTIVISM
AESTHETICS
ALTRUISM
ANARCHISM
ANCIENT
ATHEISM
BELIEF
CHRISTIAN
DEISM
DOGMA
DUALISM
EMPIRICISM
FANATICISM
FREE WILL
GLOBALISM
GREEK
HEDONISM
HINDU
HUMANISM
IDEALISM
LEGALISM
MARXISM
MODERNISM
NATURALISM
NEW AGE
NIHILISM
POSITIVISM
PRAGMATISM
RELATIVISM
ZEN

Being Philosophical

A M G O D I D E A L I S M O
G L O B A L I S M D E I S M
R E L A T I V I S M S S I A
E Y M S I V I T I S O P N C
E Q S M M S I H C R A N A T
K A B S O L U T I S M A M I
M E N I M S I X R A M I U V
S S I C D U A L I S M T H I
I T H I N D U N P X G S M S
N H I T P R A G M A T I S M
R E L A E G A W E N F R I S
E T I N M S I N O D E H U I
D I S A N C I E N T I C R E
O C M F R E E W I L L S T H
M S I L A R U T A N E Z L T
S W M S I L A G E L B Q A A

Solution on Page 327

BACKWARDS
BALANCE
BLADES
BOARD
CIRCLES
DERBY
DOWNHILL
EXERCISE
FALL
FIGURE
FITNESS
FREESTYLE
GOAL
HELMET
HOCKEY
ICE
INDOOR
INLINE
JUMPS
PADS
PAIRS
PARK
PIPE
PROTECTION
PUCK
RACING
RAMP
RINK
ROAD
ROLLER
ROUTINE
SIDEWALK
SLALOM
SNOW
SPEED
SPINS
SPORT
TECHNIQUE
TOUR
WHEELS

Skating

Q D Y O Y F O D P T L S B P
R B E B G S O I E W S L T Y
O K R A P W P C F D A E A E
A E U O N E H E R D M E R F
D N G H O N N A E L O H O N
K N I R I D W S E D L W U W
Y L F Q T K N H S D A P T O
L E U D C C L I T U L F I N
A E K A E U S K Y D S L N S
O S B C T P B A L A N C E P
G I L K O S I D E W A L K M
G C N R R H J G N I C A R U
P R T L P M R I D R A O B J
M E P A I R S F I T N E S S
A X S P I N S C R U O T M B
R E L L O R E C I I O U V K

Solution on Page 327

ANTIQUE
AWARD
BABIES
BELL
BIRDS
BREAKABLE
BRITTLE
BUBBLE
BUTTERFLY
CERAMIC
CHINA
COBWEB
CRUMBLY
CRYSTAL
DANDELION
DELICATE
DISHES
EGG
FEELINGS
FIGURINE
FLIMSY
FLOWER
FRAIL
GLASS
HEART
LAMPS
LOVE
MIRROR
MOTH
NEST
NEWBORN
ORNAMENT
PACKAGE
PLANTS
POTTERY
PRIDE
SAPLING
TEACUP
VASE
WINGS

Fragile Things

N S C S T N A L P U C A E T
S E H S I D R A W A N I H C
L A T S Y R C H B U B B L E
I U P N G K O U Y S M I L F
P D T L A N T N E M A N R O
O A S G I T I I G T V S T C
T N E F E N B L G D D R M J
T D N R L A G C E R A M I C
E E F A B E L L I E A I R O
R L F I A F I B H G F Q R B
Y I L L K C R U M B L Y O W
E O O B A N T I Q U E A R E
D N W T E N I R U G I F S B
I F E B R I T T L E V O L S
R N R O B W E N L A M P S Z
P W I N G S M O T H V A S E

Solution on Page 328

ACNE
BALM
BLACKHEAD
BLEMISH
BOTOX
CLAY
CLEANSE
COLLAGEN
COSMETICS
CREAM
ELASTIN
EXFOLIATE
GENTLE
GLOW
HYDRATED
LINES
LOTION
MAKEUP
MASK
OIL
PEEL
PEROXIDE
PIMPLE
PORES
POWDER
PRIMER
PROTECT
RASH
REDNESS
REGIMEN
RETINOL
SCARS
SCRUB
SERUM
SOAP
SPA
TONE
VITAMINS
WASH
WRINKLES

Skin Care

P M M R L A B U R C S Q Y K
O Z U I X K W V H W A S H S
R H N R T T C E T O R P W A
E E Y P E R O X I D E F R M
S K X D D S S N I M A T I V
L B Z F R A M N Z Y P Q N M
W O L G O A E P I S A N K G
R T S E P L T H I T O E L E
E O S S M N I E K M S G E N
M X N R E I C A D C P A S T
I C L E A N S E T R A L L L
R L O T M C D H P E E L E E
P A T I E I S E P A N O B O
K Y I N U Z G I R M N C I L
D G O O M A K E U P M L A B
K T N L H H S A R E D W O P

Solution on Page 328

AVALANCHE
BITING
BLIZZARD
BRISK
CHILLY
CLOTHING
CRISP
DANGEROUS
EVEREST
FREEZER
FRIGID
FROST
GLACIER
HAIL
HARSH
HYPOTHERMIA
ICE
IGLOO
NIPPY
NORTH POLE
OUTDOORS
SHIVERING
SIBERIA
SLEET
SLIPPERY
SLUSH
SNOW
SOUTH POLE
STORM
TEMPERATURE
WEATHER
WINTER

Freezing Cold

R E Z E E R F W E A T H E R
J C E R E I C A L G Y A Y S
I I T U Y C R I S P V R S D
C L O T H I N G O A E G A C
E K F A A N X T L P S N H M
V L R R I X H A P R G I S W
E F O E L E N I O E L R R M
R M S P R C L O R L C E A K
E D T M H S D O Y N O V H G
S R I E M T U F P Q B I I K
T A C T U S U B F H I H K Y
A Z O O L G I O I R T S Y P
C Z A I R E B I S E I R C P
W I N T E R U L E R N G O I
I L S T O R M L B T G G I N
M B Y P K H S U L S N O W D

Solution on Page 328

BLANKETS
BROTH
CAPSULES
COMFORT
COUGH DROP
DECONGESTANT
DOCTOR
ECHINACEA
EUCALYPTUS
GARGLE
GARLIC
GOOD BOOK
HEATING PAD
HUMIDIFIER
HYDRATION
INHALANT
LOZENGES
MEDICINE
OINTMENT
PILL
POSITIVITY
RELAXATION
REST
SLEEP
SOAK
SOUP
SUPPLEMENTS
SYRUP
TABLET
TEA
VAPORIZER
VITAMINS
WARMTH
ZINC

Get Better Soon

H S E L U S P A C N I Z G P
Y H U M I D I F I E R R A U
D C T P E L G R A G E S R O
R E O M P L A E T H U Y L S
A I C U R L C S A E C T I E
T K L O G A E L B A A I C G
I E I O N H W M L T L V O N
O N N I O G D B E I Y I M E
N I H N I O E R T N P T F Z
P C A T T O P S O G T I O O
E I L M A D U O T P U S R L
E D A E X B R A W A S O T A
L E N N A O Y K V D N P E V
S M T T L O S N I M A T I V
R E S T E K N A L B R O T H
V A P O R I Z E R O T C O D

Solution on Page 328

BATHE
BODY
BRUSH
CADDY
CLEAN
CLOTH
COLD
CONDITIONER
CURTAIN
DRAIN
DRIP
EXFOLIATE
FACE
FAUCET
FRESHEN UP
GEL
HAIR
HOT
HYGIENE
LATHER
LOTION
MOISTURE
PRESSURE
RAZOR
REFRESHING
RELAX
REVITALIZE
RINSE
SCRUB
SHAVE
SING
SOAK
SPA
STEAM
TEMPERATURE
VAPOR
WARM
WASH
WATER
WET

Take a Shower

B U R C S H S U R B A T H E
E P E O F S H S A W H R Y J
Y C T A Z P O O D R I P G X
D U A E V A H S T N Z T I W
D N W F K P R E S S U R E H
A E R U T A R E P M E T N W
C L G F R E S H E N U P E S
U R D L O C H T O L C X L I
R E F R E S H I N G F O V N
T H M R A W T S M O T R A G
A T R E V I T A L I Z E P S
I A Y Q D E N I O E L L O P
N L D N A G A N V C G A R V
N U O M W T E C U A F X I H
H C B U E R U T S I O M A P
R Q L H W F X H M K P N H U

Solution on Page 329

ADULTS
ALE
BAND
BEER
BOOTH
BOTTLES
BOUNCER
CLUB
CROWD
DANCING
DATE
DISCO
DRAFT
DRINKS
ENERGY
EVENT
FOOD
FRIENDS
FUN
GARNISH
GLASSES
JUKEBOX
LATE
LAUGHTER
LIGHTS
LINES
LIQUOR
LOUD
MIXER
MUGS
MUSIC
NEON
NIGHT
PUB
RELAX
RHYTHM
SINGLES
STOOLS
TAB
TIPS

At the Bar

I D J P G N Y H P R E E B R
X L T G O M W O H R T U A V
Q B O E N E R G Y T P K N E
V B N U L I K S C R O W D V
F P F M E A C I S V E O H K
O A M G B O U N C E R L B W
O H S I N R A G A J V O A X
D C E K X V T L H D T E O X
B V S Z N E V E H T F B N E
A J S I X I R S L J E F I T
T S A E D D R E M K L R G A
F L L D N O S D U I A I H D
A O G I U I Y J G B T E T U
R O U Q I L L H S U E N A O
D T B R H Y T H M L O D E L
E S P I T S P S O C I S U M

Solution on Page 329

ACCESS
ARCHIVE
BACKUP
BINARY
BYTE
COMPUTER
COPY
DATA
DELETE
DIGITAL
DISC
DOCUMENT
DOWNLOAD
DRIVE
EDIT
FOLDER
HIDDEN
MAC
MEMORY
NAME
OPEN
ORGANIZE
PDF
PROGRAM
PROTECT
RECORDS
RETRIEVE
SAVE
SEARCH
SECURITY
SEND
SHARE
SIZE
SOFTWARE
STORE
TEXT
VIDEO
WINDOWS
WORD
ZIP

About Computers

Z H A W S E A R C H P E K T
N J T C O P Y F D K R S D I
F Q A E F E Z I S O P S T D
I D D Y T Z R E T R I E V E
E I P R W V C S O G A C M R
V S T A A U U G M A C C R A
A C X N R A R S E N D A E H
S D E I E A R C H I V E C S
R W T B M X T D O Z R P O K
E Y O O U C O E H E W O R D
D T O D E W L A T I G I D U
L A E T N E M U C O D Z S N
O U O L T I P E V I R D A D
F R O Y E M W K Y R O M E M
P A B J O D E B O P E N X N
D B A C K U P I Z N O U Y X

Solution on Page 329

ANGEL
ASCEND
BLESS
BLISS
CAREFREE
CHOIR
CLOUD
CREEDS
DEAD
ELIJAH
ENOCH
FAITH
FATHER
FOREVER
GATES
GOLDEN
GOSPEL
GRACE
HARMONY
HOLY
HOUSE
JESUS
JOY
KINGDOM
LIGHT
LOVE
MERCY
PEACE
PRAISE
REUNION
REWARD
ROBES
SACRED
SAINTS
SAVIOR
SKY
SOUL
SPIRIT
THRONE
WORSHIP

Heaven

T G Z X S Y Y R W U D I H D
H D U O L C F O S U S E J H
G Q U O T A R B M E R C Y K
I L H R T S G E L I J A H S
L Y K H H O P S E E D R C A
G E E I L S P R N D S G A C
A R P D N H A O A L S S R R
T O E S O G C S Z I H O E E
E N Y U O H D S C A S E F D
S K S U N G F O R E V E R A
S E A A J I Y M M O N A E E
I P V N I H O F L I W D E D
L P I F G N J N A E C A E P
B M O R Y E T Z R I O H C M
C O R K I H L S V Q T W W P
E N O R H T H I Z A R H W P

Solution on Page 329

ALNICO
ATTRACT
BAR
CLOSE
COMPASS
CREDIT CARD
CURRENT
ENERGY
FERRITE
FERROUS
FIELD
FILINGS
HOLD
INVISIBLE
IRON
LODESTONE
METAL
MICROPHONES
MRI
NEGATIVE
NICKEL
OPPOSITE
ORE
PHYSICS
POLE
POSITIVE
PULL
REPEL
SCIENCE
SPEAKERS
STEEL
STRENGTH
STRONG
TOYS
USEFUL

Magnetic

D F V M E T A L E P E R T S
L I M S R E K A E P S C L G
O E O C I N L A N L A E C N
H L N I C K E L O R E U W I
C D H S X E D A T T R S A L
R I F Y E V R T S R E E N I
A J H H C I A P E Y T F E F
B E T P N T C N D G I U G E
H T G P E I T L O R S L A R
R I N V I S I B L E O I T R
K R E Q C O D R S N P R I O
A R R B S P E T Q E P O V U
V E T M I C R O P H O N E S
C F S E R O C O M P A S S Y
L M J Q N L L U P R H J X O
J X V G D E M C K A I Y T T

Solution on Page 330

BEAR
BONDS
BUY
CURVE
DEALER
DROPPING
EARNINGS
EQUITY
FUTURES
GAIN
GROSS
HEDGING
HIGH
INDEX
INVEST
LISTED
LOW
MARKET
MUTUAL
NASDAQ
NET
NYSE
OFFER
OPTIONS
PERCENT
POINTS
PRICES
PUBLIC
RATING
RETURN
RISING
SELL
SHARES
STOCKS
TOKYO
TORONTO
TRADE
VIRTUAL
VOLUME
YIELD

Stock Exchange

R E F F O H Y Y R F L G J K
E D A R T E C L A U T R I V
V L S R Y D H G E T B O N P
Z O E L N G A H B U Y S V P
G G L G N I P P O R D S E O
B N L U N N N H N E C R S Y
T I W T M G R G D S C T T K
H S H A R E S I S E O E H O
G I E V R U C H N R A N H T
O R D C Z A R T O N R L X E
P U B L I C H N I Y E A E K
G N I T A R T Z T S T U D R
J S T N I O P I P E U T N A
S T O C K S U W O L R U I M
D E B K Z Q A D S A N M E Q
S P X D E T S I L D L E I Y

Solution on Page 330

BATTERIES
BILL
BOOKS
BOTTLE
BRUSH
CALCULATOR
CAMERA
CANDY
CARDS
CHANGE
CLUTTER
COINS
CRAYON
DIME
DOLLAR
ERASERS
FLASHLIGHT
GLUE
GUM
KEY
MAGNETS
MANUALS
MATCHES
MESS
MONEY
NAIL FILE
NAPKINS
NOTEPADS
PEN
PINS
QUARTER
RECEIPT
RULERS
SCISSORS
SCRAPS
SCREWS
SHOELACES
STRING
UTENSILS
YARN

Stuff

M B G U C O I N S D R A C G
J O O N N O T E P A D S A T
H O N T I V T H G L U E M P
S S R E T R A U Q W P C E I
U M T O Y L T S R E S A R E
R A S E T E E S N I P L A C
B N S W N A I L F I L E Y E
O U N S E G L C R A Y O N R
O A I C H R A U L H E H S E
K L K I J H C M C L K S E T
S S P S F L A S H L I G H T
R C A S E I R E T T A B C U
E N N O P S E G N A H C T L
L M R R A L L O D Y D N A C
U U I S C R A P S S E M M O
R G K D L O T Z K Y A R N D

Solution on Page 330

ABILITY
ACTING
AGENT
APTITUDE
ART
ATHLETIC
COMEDY
COMPETENCY
CONFIDENCE
CREATIVE
DANCE
DEFTNESS
DEXTERITY
ENTERTAIN
FAME
FASHION
FITNESS
FLAIR
GENIUS
GIFT
INNATE
MATH
MUSIC
NATURAL
NURTURE
PERFORM
PIANO
PRIDE
PROWESS
SHOW
SING
SKILL
SPECIAL
SPORTS
SPOTLIGHT
STRENGTH
THEATER
UNIQUE
WINNING
WRITING

You Are Talented

S S E W O R P U N I Q U E B
P I S T F A S H I O N A I P
E N Y E R M P E R F O R M E
C N Z H N A C T I N G C K S
I A L T Y T H G I L T O P S
A T A G T H I A Y T C M R E
L E R N I G T F C O U E I N
L V U E R R I G N C W D D T
I I T R E M A F E A I Y E F
K T A T T S I T T B N S R E
S A N S X D F H E I N T U D
T E F I E X L E P L I R T M
N R P N D E A A M I N O R S
E C C G T U I T O T G P U H
G E N I U S R E C Y Y S N O
A E C N A D W R I T I N G W

Solution on Page 330

AUTHOR
BIOGRAPHY
BOOKS
BROWSING
CASHIER
CHAIRS
CHILDREN
CLASSICS
CLERK
COFFEE
CRIME
CUSTOMER
DESKS
DISCOVERY
DRAMA
FANTASY
FICTION
GENRE
HORROR
LANGUAGE
LEARNING
LITERARY
MAGAZINE
MOVIES
MUSIC
MYSTERY
NOVEL
POETRY
PROFIT
PULP
READ
ROMANCE
SHELVES
SIGNING
SNACKS
TABLES
THRILLER
WRITERS

Bookshop

C M Y S T E R Y E R N E G C
S F R R S E V L E H S O N L
E I A O D R E I H S A C I E
I C R M N A U T H O R G N R
V T E A R E M O T S U C G K
O I T N J S R I A H C O I E
M O I C B R M D A E R F S M
A N L E O I P U L P B F R I
G P Y R E V O C S I D E E R
A L A N G U A G E I H E T C
Z P G N I S W O R B C C I D
I B R N S C I S S A L C R R
N O T O J Y R T E O P X W A
E O G V F R E L L I R H T M
S K S E D I F A N T A S Y A
F S E L B A T S K C A N S C

Solution on Page 331

ADJUST
ALIGN
ALTER
BANDS
BILL
BITE
BRACES
BRIDGE
CAPS
CHILDREN
CROWN
DEVICE
ELASTICS
ERUPTION
EXAMINE
EXTRACT
FIX
GAP
GUM
HEADGEAR
IMPACTED
IMPLANT
JAW
METAL
MOLD
MOUTH
NUMB
PAIN
PLATES
PRESSURE
REMOVAL
RESULTS
RETAINER
ROOT
SILVER
SMILE
SURGERY
TEENS
WIRE
WISDOM

Orthodontist

E S T O O R W S L C A J T I
C Q D V H S E A D D A L M F
P A I N E C R N J F A P C F
R M E T A L U U I V L F S N
G D A R D B S X O A Q Y E E
N L B T G T S M N B T R X R
P S N E E T E T B D A E T U
E S G N A R R N R L O G R Z
R A R E R U P T I O N R A R
I L E R E T L A D M A U C P
W I S D O M U G G E A S T S
N G U L S I L V E R V X T M
U N L I M P A C T E D I E I
M I T H T U O M N W O R C L
B A S C I T S A L E T I B E
E R C E R X N Q K S G E A M

Solution on Page 331

ALARM
ANALOG
AVIATOR
BAND
BATTERY
CHRONOGRAPH
COLLECTIBLE
CRYSTAL
DESIGNER
DIAL
DIGITAL
ELECTRONIC
FACE
FASHION
GEARS
GOLD
HANDS
HEIRLOOM
HOUR
LATCH
LCD
LEATHER
LIGHTED
METAL
MINUTE
NUMBERS
QUARTZ
REPAIR
ROLEX
SECOND
SETTING
SILVER
STOPWATCH
TIME
WALTHAM
WATCHMAKER
WATERPROOF
WIND
WORKMANSHIP

Wristwatch

L A T E M R A L A T C H B B
G O L A N A C N O I H S A F
Q U A R T Z H R M I N U T E
H H V E L D C T Y E M I T W
O C P K W E T L L S R A E G
U I E A O S A V I A T O R S
R N G M R I W T R G W A Y E
D O N H K G P N H O H J L C
N R I C M N O L U E L T F O
I T T T A E T N A M R E E N
W C T A N R S L O T B D X D
E E E W S M O O L R I E H C
C L S D H N S D N A H G R L
A E L B I T C E L L O C I S
F O O R P R E T A W B A N D
G S S R I A P E R E V L I S

Solution on Page 331

ALE
AMBER
AROMA
BARLEY
BATCH
BITTER
BOIL
BOTTLE
BREW KIT
CARAMEL
CASK
COPPER
DRAFT
ENZYMES
FERMENT
FILTER
FLAVOR
GRAIN
GRIST
HEAT
HOMEMADE
HOPS
INFUSION
KEG
LAGER
LIQUID
MASH
MEAD
OXIDIZED
POT
RECIPE
SMELL
SOUR
STOUT
SUGAR
SWEET
TART
TASTE
WATER
YEAST

Making Beer

K Z N G H C T A B I T T E R
Y R O V A L F H N Z I L E H
R R E C I P E O S K A B A K
T E E W S S I M W Z M M B J
W J G R I S T E A A O A O J
A L G A U F R M D R A F T Z
T T A F L B S A A Y A O T O
E N N D E Z I D I X O C L Z
R I S E J B S E M Y Z N E G
D A E M M A D Z T A E H B E
H R G B E R E P P O C A S K
Q G S U E L E T S A T G S E
T U O T S E L F R D G R K T
W R L P Q Y A I U P O L A A
L I Q U I D S P O H S A M T
F N Z I H D B T S B N F R A

Solution on Page 331

ALL IN
BETTING
BLACKJACK
BUYS
CARDS
CASH
CHIPS
COMP
CRAPS
CREDIT
DICE
DOUBLE
ETIQUETTE
EXPENSES
FORTUNE
GAME
JACKPOT
JET
LIFESTYLE
LIMOUSINE
LUCK
MONEY
POKER
PRIZE
PROFESSIONAL
REWARD
RICH
RISK
ROULETTE
SKILL
SPENDING
STAKES
SUITES
VIP
WAGER
WEALTH
WHALE

High Rollers

S C L D P Q U J M G Z L L Q
S L V I P O K E R E G A W H
K P I E L B U O D E L A H W
I W I M S I G A M E W C S I
L E C H O U F N I L L A P E
L A X A C U I E I N L E R Q
K L F P R I S T S D T T I D
C T E S E D R I E T N T Z B
A H B P D N S Q N S Y E E U
J U G A I B S U U E L L P Y
K F O R T U N E U Y Y U E S
C J A C K P O T S E J O C E
A C A D B E T T I N G R X K
L A N O I S S E F O R P E A
B S H X T C A J P M O C Q T
I H O Y O S E R I S K Q T S

Solution on Page 332

BACTERIA
BAD BREATH
BAKING SODA
BLEACH
BRACES
BRISTLES
BRUSH
CAVITIES
CHEWING
CLEAN
CROWN
DECAY
DENTIST
DRILL
ENAMEL
FLUORIDE
FRESH
GEL
GINGIVITIS
GUMS
HEALTH
HYGIENE
MINTY
MIRROR
PASTE
PERMANENT
PEROXIDE
PLAQUE
POLISH
RETAINER
RINSE
SENSITIVE
SMILE
SPIT
TARTAR
TEETH
TONGUE
WATER
WHITEN
WISDOM

Brush Your Teeth

I T I P S B R A T R A T D V
F R E S H C A E L B G Y R B
W I S D O M B C T C G A I R
G T S I T N E D T H S C L U
E U B E D I X O R E P E L S
L E M A N E W T I W R D G H
I I T S K S U T H I I I P S
M Q H N H I I G I N N R A I
S M Y Y E V N T N G S O S L
S I G C A N E G I O E U T O
E R I C L E A V S V T L E P
C R E Y T N I M U O E F L N
A O N H H T A E R B D A B W
R R E N I A T E R E Q A G O
B R I S T L E S F U P D E R
R E T A W H I T E N A E L C

Solution on Page 332

ANGRIEST
BEST
BIGGEST
BUSIEST
CLEVEREST
DULLEST
EERIEST
FASTEST
FATTEST
FUNNIEST
GENTLEST
GREATEST
HAPPIEST
HEALTHIEST
ITCHIEST
KINDEST
LARGEST
LOWEST
NOISIEST
PRETTIEST
QUAINTEST
SHARPEST
SHORTEST
SMALLEST
SMARTEST
SMELLIEST
THINNEST
WETTEST
WISEST
YOUNGEST
YUMMIEST

Superlatives

T T A B L Y U M M I E S T A
S S S N U O N C P F U O S S
E F E E G S W O F C Q D E M
G X L I D R I E I I U V L A
N I A G H N I E S S A S L R
U P R E T T I E S T I M A T
O D G N T E L K S T N E M E
Y U E T T S E A G T T L S S
L L S L T S E R E V E L C T
F L T E H S E I I H S I T S
A E O S G A E T N E T E S E
T S E T T E W B R N S S E N
T T S E I P P A H O U T S N
E O S H A R P E S T H F I I
S T S E I H C T I L N S W H
T S E T S A F B I G G E S T

Solution on Page 332

BARN
BASEBALL BAT
BEDPOST
BOAT
BOOKCASE
BOWL
BOXES
CABINET
CANOE
CHAIR
CHEST
CLOCK
COASTERS
DESK
DOOR
DRESSER
DRUMSTICKS
FENCE
FRAME
FURNITURE
GUITAR
HOUSE
PADDLE
PINOCCHIO
PLAYGROUND
PLYWOOD
POPSICLE STICK
PORCH
RAILING
ROCKING HORSE
SHELF
SIGN
SLEIGH
STAIRS
STOOL
TOTEM POLE
TOYS
TV STAND
WOODWINDS

Wooden Things

E Z B E R U T I N R U F K U
S L S D N I W D O O W Y L P
U T W S T T P O R C H A I R
O S O O A O B O O K C A S E
H T Q O B T E R A I L I N G
P A D D L E D A E N J Y P B
S I G N L M P T O G R I O D
Y R T T A P O I N H N A R N
O S E V B O S U A O T U B U
T J N S E L T G C R M B L O
K C I T S E L C I S P O P R
F L B A A E H S T E W X R G
L O A N B I R I E C N E F Y
E C C D O K C D C H E S T A
H K D E S K H G I E L S G L
S R E T S A O C F R A M E P

Solution on Page 332

ACADEMIC
APRIL
AUGUST
AZTEC
BOOKED
BUSINESS
CELTIC
DAY
DECEMBER
DESK
DIGITAL
EGYPTIAN
EVENTS
FEBRUARY
FISCAL
HELLENIC
HINDU
HOLOCENE
INCA
JANUARY
JULY
JUNE
LUNAR
MAY
MEETINGS
MONTH
MOON
NOVEMBER
OCTOBER
PERSONAL
PICTURES
PLAN
POCKET
SCHEDULE
SCHOOL
SOLAR
TIME
WALL
WEEKLY
YEAR

Calendars

W E E K L Y O T Z W A L L R
C E T Z A C N I B K B U C A
W U F E T Y K M S O N T I L
R R D O I A R E E A O E T O
R A B N G D D A R B V K L S
M E E T I N G S U Y E C E I
R N T Y D H C S T R M O C D
H E L L E N I C C E B P L L
M C P L A N M P I U E E V L
N O O M E A E H P L R T F I
S L N S Y R D E C E M B E R
C O S T S N A I T P Y G E P
H H A O H S C H E D U L E A
O X N V Y R A U N A J X U K
O A U G U S T N E V E N U J
L A C S I F N H Q B M R L V

Solution on Page 333

BIKES
BLOCK
BORDER
CARPOOLS
CITY
COMMUTE
CONDOS
DREAM
DRIVEWAYS
DRIVING
FAMILIES
FENCES
FRONT LAWN
GOSSIP
HOME
HOUSES
KIDS
MALL
NATURE
OUTSKIRTS
PARKS
PLAYGROUND
POPULATION
PROPERTY
QUAINT
QUIET
RELAXED
REMOTE
RESIDENCE
ROUTINE
SAFE
SCHOOLS
SEDANS
STROLLERS
SUVS
TREES
UNIFORMITY
YARDS
ZONING

Suburban Life

C A Y T R E P O R P Q X L S
S X S N S P O U S S U L R T
R Y N D W V P D E X A L E R
E A A G R A U I K M I G S I
L R D W R E L S I D N O I K
L D E K E I A T B N T S D S
O S S J M V T M N U C S E T
R A T A Y T I M R O F I N U
T F F G B E O R M R R P C O
S E K J N N N M D G Z F E T
L N I T E I U Q N Y T I C R
O C D E E T V I N A T U R E
O E S M E U N I B L O C K E
H S O D N O C A R P O O L S
C H X H Z R B R E D R O B C
S E S U O H Q R E M O T E W

Solution on Page 333

BANDEAU
BIKINI
BLOUSE
CAP
CHINOS
COTTON
DRESS
FLIP FLOPS
HAT
JEANS
LINEN
LOAFERS
MESH
POLO
PULLOVER
ROMPER
SANDALS
SARONG
SHELL
SHIRT
SHORTS
SHRUG
SKIRT
SKORT
SLACKS
SLEEPWEAR
SLEEVELESS
SNEAKERS
SPEEDO
SUNGLASSES
SWIMSUIT
TANK
TEE
THONGS
TRUNKS
TUNIC
VISOR
WRAP
YOGA PANTS

Summer Clothes

T A N K P L O G U R H S E M
Y N Y S H O R T S D S G Z K
S L O A F E R S R L P N S B
H N G T G O E R E I O O K T
E S A M T R Q E K N L H C R
L U P E D O V V A E F T A I
L N A S J E C O E N P R L K
J G N O L O P L N W I I S S
S L T E S E G L S B L H O W
K A S E Y U E U C A F S N R
N S A R O N G P I N I K I B
U S L A D N A S W D T A H L
R E P M O R O D E E P S C O
T S W I M S U I T A A Q A U
E F G S K O R T R U Z R P S
E T U N I C B W V I S O R E

Solution on Page 333

ACTIVITIES
ARRIVE
BEVERAGES
CANDLES
CHAIRS
CHAMPAGNE
CHEESE
CHINA
COCKTAILS
COURSES
CRACKERS
CRYSTAL
DESSERT
DISHES
DRINKS
FAMILY
FOOD
FRIENDS
GLASSES
GUEST
HOSTING
HOUSE
HUNGRY
KIDS
LIVELY
MEAL
MENU
MINGLE
MUSIC
NEIGHBOR
OUTDOORS
PLANNING
SEATING
SETTING
SNACKS
TABLE
THEME
TRAY
VISIT
WINE

Dinner Party

S L I V E L Y G N I T T E S
R E S U O H A S I U R U V K
O M I N G L E T D E H D I C
O S S T I S I V S O T C R A
D D E K I D S S S Y O R R N
T N A L G V E T R C R F A S
U E T D D D I G K S O C N Y
O I I R K N N T R E B C I E
S R N I G U A E C G H H H L
E F G N H I K C J A G A C B
H M F K L C Y L M R I I M A
S E S S A L G P Z E E R U T
I N A R I L A E M V N S S H
D U C M X G C H E E S E I E
P L A N N I N G H B U U C M
B F S E S R U O C G W I N E

Solution on Page 333

AERATOR
BLOCKAGE
BUCKET
CAULK
CLOG
DRAIN
FAUCET
FIX
GAS
HAIR
INSTALL
LEAK
MESS
METAL
OVERFLOW
PIPES
PLASTIC
PLUNGER
PRESSURE
REPAIR
RUST
SERVICE
SEWAGE
SHOWER
SINK
SIPHON
SKILLED
SNAKE
SUPPLY
TANK
TOILET
TOOL
TRADE
TRUCK
TUB
UNIFORM
VALVE
WASHER
WATER
WRENCH

Call a Plumber

Q S P H Z D S I N K Z X S W
R E H S A W R I R V B N A G
W L O O T L A T E M A T O A
B E I K W R T S T K E L U Y
C M N J D E D N E R C I V L
T I S T C P R W B W U L F E
W R T U O A Z K L U A C V A
W O A S K I L L E D T G K K
T F L D A R S E R V I C E M
E E L F E L G U N I F O R M
L A K H R L P U Y L P P U S
I N Q C R E G N U L P R S E
O K M N U A V N O H P I S P
T N F E S B L O C K A G E I
H A I R S R A E R A T O R P
L T X W T S U R V U J K P B

Solution on Page 334

ABSTRACT
ACID
ANALYSIS
AWARD
BACTERIA
BIOLOGY
BUGS
CONTEST
CRYSTALS
DATA
DISPLAY
FACTORS
FAILURE
GRAPHS
GROWTH
IDEA
LIGHT
MAGNETS
METHOD
MOTION
PHYSICS
PLANTS
POWER
REACTION
REPORT
RESEARCH
RESULTS
RIBBON
ROBOT
SCHOOL
SOUND
SPEED
SUCCESS
SUMMARY
TEAMWORK
TESTING
THEORY
THESIS
VOLCANO
WINNER

Science Fair

P L A N T S D F R E P O R T
S P E E D C A I H A A G R E
Y G O L O I B A C T E R I A
O S K H L S H N R A D A B M
A I T U S Y R A A D I P B W
W S R C L H E L E N R H O O
A E E S A P A Y S O E S N R
R H N C T R C S E I S O S K
D T N H S J T I R T U U T R
O S I O Y N I S C O L N E E
H T W O R G O O B M T D N W
T V O L C A N O W A S C G O
E L I G H T E S T I N G A P
M M S S E C C U S G U B M F
H D I S P L A Y R A M M U S
V U T H E O R Y T O B O R K

Solution on Page 334

ANNUAL
ANTIOXIDANT
ASIA
BOILED
BUNCH
CAN
COOKED
CROP
DIET
EAT
EDIBLE
FARM
FIBER
FLAT
FLORENTINE
FLOWERING
FOLATE
FOLIC ACID
FOOD
FRESH
FROZEN
GARDEN
GREEN
GROW
IRON
LUTEIN
NUTRIENTS
NUTRITION
ORGANIC
PLANT
POPEYE
PRODUCE
PROTEIN
RAW
SALAD
SAVOY
STRONG
TASTE
VEGETABLE
VITAMIN

Eat Your Spinach

O T B Q T W P P J G X N P C
D G H C N U B F R C R O P P
Y D N A W E N O V O S E R L
O U I I L U T E I N T A E A
V S C F R T G S L L N E B N
A I O O H E A F A T E Y I T
S O T L T T W L I T I D F N
D I C A C I L O F M R A F E
O V B T M T X R L A T L R Z
A L E E W I H E W F U A C O
E I A O D U N N A C N S I R
D T R A N O I T I R T U N F
I G N O R T S I N E D R A G
B T V I L A U N N A Z L G V
L P R O D U C E O H S E R F
E Y E P O P I K D E K O O C

Solution on Page 334

ACCOUNT
AGENDA
BOOK
CHERISHED
CHRONICLE
CLASP
CONFESSION
COVER
CRUSH
DAILY
DATE
DIARY
DRAWING
DREAMS
EMOTION
EVENTS
FAMILY
FANTASIES
FEARS
FEELINGS
FRIENDS
GOALS
HIDE
INSIGHT
JOURNAL
LETTERS
LOG
NONPUBLIC
PASSION
PEN
PLAN
POETRY
PRIVATE
PROTECTED
RECORD
REFLECTION
SECRET
THOUGHTS
WORDS
WRITE

Journals

S E C R E T J P A D N E G A
H T H O U G H T S A T R W G
P D R A W I N G L A E G O L
W P O R D C S P V V L L R D
C O N F E S S I O N T C D R
R E I A T F R C G S H I S E
U T C N C P L H A R G L L A
S R L T E Q A E C E I B A M
H Y E A T L N R C T S U O S
W R V S O P R I O T N P G D
R A E I R A U S U E I N R N
I I N E P S O H N L I O G E
T D T S T S J E T L C N N I
E A S Y L I A D E E D I H R
D N O I T O M E R S R A E F
B O O K H N F A M I L Y T A

Solution on Page 334

BOUTIQUE
BOWS
BUTTONS
CATWALK
CELEBRITY
COLOR
COSTUME
COTTON
CUT
DENIM
DRAW
EYE
FABRIC
HEM
INTENSITY
LACE
LINE
MANNEQUIN
MATERIAL
MODEL
ORIGINAL
PATTERNS
RUFFLES
RUNWAY
SAMPLES
SEW
SHADE
SILK
SKETCH
SKILL
STITCH
STRIPES
STYLE
SUEDE
SYMMETRY
TAILOR
TEXTURE
THREAD
TINT
TREND

Fashion Designer

L E M R R O L O C I R B A F
E S L M O D E L C N I E Y E
R M I N E D V A W T C Y C I
U W N L A A T I O E D A H S
T A E E K W J R L N L X D H
X U R W A S I E S S B U C C
E H C L A G B T P I U P O T
T M K N I R Y A A T T J T I
A S U N I L D M T Y T O T T
I E A T E U Q I T U O B O S
L L Y R S D Q H E X N L N T
O F A E K O E E R E S L N R
R F W N E M C U N A Q I V I
T U N D T B O W S N T K T P
K R U D C S E L P M A S T E
D L R Y H S Y R T E M M Y S

Solution on Page 335

ADMIN
ASSISTANT
COMMUNICATE
COMPUTER
CONFIDENTIAL
COORDINATOR
CORPORATE
CORRESPOND
DEDICATED
DESK
DICTATE
EMPLOYEE
EXECUTIVE
FILING
IMPORTANT
MANAGE
MEMO
MULTITASKING
ORGANIZE
PERFORMANCE
PHONE CALLS
POLITE
PROFESSIONAL
RECEPTIONIST
RESPONSIBLE
SCHEDULE
TELEPHONE
TYPEWRITER

Administrative Assistant

G E L B I S N O P S E R M O
D N C O R R E S P O N D V R
T E I N I M P O R T A N T G
E P T K A E L U D E H C S A
L R E A S M E T I L O P S N
E O E N C A R D T N W S C I
P F Y C I I T O F S I O R Z
H E O O E M D I F S O F E E
O S L M V P D E T R I M T X
N S P P I E T A D L E D I E
E I M U N K N I I M U P R C
C O E T S T N N O S R M W U
A N I E F A G M A N A G E T
L A D R T E T A T C I D P I
L L C O R P O R A T E S Y V
S A R C O M M U N I C A T E

Solution on Page 335

ABLE
AGILE
BALANCE
BONE
BRAIN
CALCIUM
CALM MIND
CHECKUP
DAIRY
DIET
EAT
ENDURANCE
ENERGY
EXERCISE
FIT
FRUIT
GRAIN
HARDY
IMMUNE
JOGGING
LIVELY
MINERALS
MUSCLE
PROTEIN
RELAXED
RESTED
ROBUST
SLEEP
STAMINA
STRENGTH
STRONG
STURDY
SWIM
VIGOROUS
VIRILE
VITALITY
VITAMIN
WALKING
WELL
WORKOUT

Good Health

H A R D Y G R E N E V J F X
A N I M A T S U B O R O D L
G E X E R C I S E N U M M I
I L F C M B A L A N C E N V
L C C N G R E L A X E D I E
E S L A R E N I M T A E A L
N U L R L P R O T E I N R Y
O M E U R M E L I R I V B R
B C W D C P M U I C L A C E
L M H N E V V I G O R O U S
D I C E S T R E N G T H R T
A W L P C F T E I D A B L E
I S W A L K I N G R A I N D
R W O R K O U T G N O R T S
Y D R U T S S P O T I U R F
F N I M A T I V J S X T Q G

Solution on Page 335

Good Health

H	A	R	D	Y	G	R	E	N	E	V	L	E	F	X
A	N	I	M	A	T	S	U	B	O	R	O	D	L	
G	E	X	E	R	C	I	S	E	N	U	M	M	I	
I	L	F	C	M	B	A	L	A	N	C	E	N	V	
L	C	C	N	G	R	E	L	A	X	E	D	I	E	
E	S	L	A	R	E	N	I	M	T	A	E	A	L	
N	U	L	R	L	P	R	O	T	E	I	N	R	Y	
O	M	E	U	R	M	E	L	I	R	I	V	B	R	
B	C	W	D	C	P	M	U	I	C	L	A	C	E	
L	M	H	N	E	V	V	I	G	O	R	O	U	S	
D	I	C	E	S	T	R	E	N	G	T	H	R	T	
A	W	L	P	C	F	T	E	I	D	A	B	L	E	
I	S	W	A	L	K	I	N	G	R	A	I	N	D	
R	W	O	R	K	O	U	T	G	N	O	R	T	S	
Y	D	R	U	T	S	S	P	O	T	I	U	R	F	
F	N	I	M	A	T	I	V	L	S	X	T	O	G	

Solution on Page 335

Answers

A O L R M B M T W F T F O S
W B I T V Y P P A H C T E F
O F S T O Y S I L L Y S Q Q
D Y L D D U C P Y S S E M F
O W G N I V O L M I T J L J
G Y L E V I L U K P M U L P
S U A M C K L Z W E F U R F
K E V I T C A A K F N Q U H
C V I E N E R G Y R G N U H
I I E B N M N D R L F W E S
L T H P A U B W E H C T P L
H L R L O B R A N E U R I E
O L A Y P S S I R C R T Y E
T O F M K H A K O L T B Q P
A R U I S R M T E E W S V Y
M J V H T T B A R K N N W X

Puppies

Y E T R A M S M A I D E N T
E T D N S L I L R B G O P Q
S T T I E U L R C U I M U D
O E F E R U O B R H N S E R
P L K O R B H E S O I W K P
U A G E S P M A G F R C A T
R P G L Y T F M A R U D M Y
E Y L E V O L I E A O W R J
S B L G A Q R N C R M G O T
S G O A G N Z G A T A H F N
E S D N E A T B R I L S H O
R C A T W A L K G S G U F L
D S L L L E D O M T H L Z A
A T E E C A F E M I L B U S
E O B Y A S E K A C F E E B
S M I L E N V T P F D H R Z

So Beautiful

C L K S Z M J U F B Y Y U B
R G L L T E O E R L O U R H
W T P A W N L J O D W O R C
H S R E T G E L D R W A T L
D T L D G S U V N S T F L H
L R W A B A S K E T I E T K
Y O H M D T T U V O S V R Q
T L F D E F U N U Q M T A L
U L A N S A N T I Q U E D N
X N M A U A D T Y V E K E H
G N I H T O L C E X C N E W
N X L Q O J O E P T I A Z T
I D Y R U B P L S N R L E D
T R S N I E O L L T P B O Z
A M K B M R H O N S Y O T P
E E H Y E B S C R A F T S D

Swap Meet

W C G D I C E L T R U T N L
O O B M A B R H S I R I L I
B C R I C K E T S Q G O O Y
N G U N D E R W E A R E N N
I T O K E N P I K T O N R F
A X Q D Y C J N A H E O C S
R E H T A E F N S P C B O E
S F S E S S S E P A N H I V
N O I T I T S R E P U S N E
O U S R A R N I E S M I R N
G N O I O R L A K J B W O O
A T C H A R M O H C E E C T
R A K S T A B G O P R L I S
D I S C A R A B S M E L N N
A N T O R T O I S E S L U Q
C L O V E R H S A L E Y E T

Lucky Things

T P U O R G L S Y M N E D T
R R R E S P E C T O S Q N L
N E A C T I O N I A T P A C
A E W I V S D T L M R C M O
L L H O T V I S I A O H M U
P P U Y P S R C B E N A O R
W O L L O F E I A T G R C A
V E B P G S C T D R N I O G
A P X U U N T I A U I S A E
L K I T S O O L E S K M C M
U D A Y T I R O H T U A H A
E T K G J S N P R O T N E M
S N O I S I V E R E D A E L
E F E I H C B O S S V G L A
D H T G N E R T S S C E O O
X K C A B D E E F K K R R G

Be a Leader

P M E T H O D B O O K S T E
S E Y G Y R S W E I V E R U
C M E L U G H E C S T U D Y
H O O L A H E O R O T U T R
E R N U S O F T M U S I C A
D I T C S F R G A E T F E R
U Z E A E K S E R R W C N B
L E N E S N C E C O T O E I
E G R D S K T A P A U S R L
N E E I M A L R N A L P G K
I L T U E E A I A S T L Y S
L L N G N C O N S T A N T C
T O I D T J T S E T E R P H
U C A I S C I N O M E N M O
O R C V I S U A L Z I U Q O
R E B M E M E R A P E R P L

Studying

T O Y S B E W B O C H E S T
M K L U S O G A R M E N T S
S Q U I R R E L S I L O F T
E W G T E S M O O L R I E H
U O G C T F A B P D B T C S
Q D A A F U M U S E Y A L D
I N G S A R O G M W R L O R
T I E E R N T S U D O U T O
N W G I K I H N B R T S H C
A M A R N T B O L E S N E E
B G R O U U A T A S I I S R
O H O M J R L E Q S H R M E
X O T E D E L L H E K R A D
E S S M O U S E T R A P E D
S T C E S N I K N U R T B A
C S G S E R U S A E R T M L

Storage Area

X L W O B K U R E D N E L B
S H E A R S T E L L I K S T
L L T C O I L N I T E I P I
L L O O I H I I C H L H N M
I I A L L W S A O E D K A E
R M S A E C N R F R A B P R
G R T N R O E T F M L C E E
R E E D P O T S E O G O C L
A P R E N R U B E M R R U A
T P N R E H S A M E C K A C
E E S P A T U L A T H S S S
R P U C E F I N K E O C E P
M I C R O W A V E R P R R O
M N A P G N I Y R F P E V O
R E X I M E A S U R E W E N
O V E N C L E A V E R Y R C

Food Prep Items

T A N K S D N A L A U N C H
D L E I H S I M E T E O R E
W T G A S T R O N A U T N C
I I Y D E N N E K N P I O A
N B X A X Y V C T A G C I P
G R O O T B T D O N S B T S
S O Z L E M O I E C M A I K
E C I Y R W V S V U K J N H
R K B A N E H C L A F P G C
T E E P A C O O O M R I I A
P T L T L N C V U I G G R T
R H U H T E R E T S O O B E
O G D R S I E R A S T X S D
B I O U A C W Y I I T O N F
E L M S L S N V L O N Z N G
S F L T B A S C E N T X F I

The Space Shuttle

Y A J E S I O N K Y J F E K
C W H C T I P R C I S U M V
N A H O A C O U S T I C N M
E V N G T P T W N N N P O N
U E Q N I R R V T T G G E G
Q V O I C E A E A R I O R Y
E Y Z K Z S N T H U N D E R
R D Z L S S S O E A G L T I
F I U A I U M R I C L P S A
L N B T D R I P N I H A Z Q
O E Y T I E T H N Y J O R K
W R V S N L C G S E N S E M
R I O E P P P I P A T O O O
N N R F L A C M B D R S S O
G G T F O S L C A E G C I B
Y V O L U M E C N E L I S L

Hear It

P B C U P S R E W O L F D S
H M O S W E E T S K A O S R
U R N U J H N A P K I N S O
G I F T Q S E T A L P Y D V
S X E E A U B R I B B O N A
D O T K H R E E V I T S E F
T K T A D C S T M R L T I A
P M I C N A C A S I I R R M
L I M O A R L L Y H N A F I
P E N O L D E O W D R E D L
D V S K R S C C F U N H O Y
Z O P I A S N O O L L A B F
Y L O E G N A H C X E H C O
N Y O F B Z M C X S E S O R
Q X N A R R O W S E S S I K
V M S E Z I R P K G A M E S

Valentine's Day Party

R R O O L F F U C A U C U S
E F S P E A K E R X M A V T
C H E C K S R I H O P P E R
E M R E W O P E T I T I O N
S E S S I O N I D C V T H L
S E G E S U O H I E T O V O
W T N N P N B R C C F L K B
H I I A N Y T I N U M M I B
I N R C O S S E L B A T S Y
P G A T I S S R R L J N T L
L C E D T F R A E M O I A L
D O H T C F E I H C R O T A
B U D G E T B D P O I J E T
E N N Y L V M E N B T F S G
H T U A E A E I T W Y X F E
N J W R E B M A H C V E T O

U.S. Congress

E P M Q Z Z K I S S R A T S
T R U D G N I T O D O V E S
A O S I F L O W E R S S M G
D P I N N R D I A M O N D S
A O C I D T K S T R A E H E
N S D N E I R F Y O B R B R
C E T G H F L I R T V D O E
I P A S S I O N G E L E N N
N S N O I T O M E U R R D A
G N I N R A E Y S M E O P D
P L O V E C A R B M E M D E
T O U C H Q S E L D N A C A
M R A H C U Z D E T I N U W
S E L I M S G N I L E E F H
E N I W O O L E V A R T Y X
X U M C O U R T S T F I G R

Amorous

A P T M H T N E I C N A F X
S U R V I V A L A Q L W I R
P I I I Z H E R B I V O R E
E R B N M G N S H U N T E R
A O E O L I F E S T Y L E E
R N S D V F T V B O N E S H
S A E O Z O H I W E G I D T
E G R T L S K T V A D O G A
L E U S A S G A E E R M N G
I P T A D I C N V E O N I H
T A A M N L O L I B T I L T
P R E D A T O R S W P V L O
E T R E S V S I T E A O E M
R E C N E D I V E P R R W M
B I R D S T C N I T X E D A
V O L C A N O T E L E K S M

Prehistoric

I G N F E D O C H A T U X O
U X O H B S K C I U Q Q J Y
F T E L S D R X S E N T E R
U S D N B A G E M A I L R U
Z A I D E M L B V P A W E B
A F V S O A E F S R E S U C
L Y Q M C D J D L I E H A I
V J A P A R E S V A R S J M
K G A L B E E R K M I U A A
L W T V P M R E G N U C J G
S G Y S A A C T N N I S O E
D J W G J L I U S I I L I S
R E O S A G L O B A L K E C
N T R P H S B R O M O Y X X
Z I K A A O U B R O W S E U
G S X M L K P X C D A T A D

The Internet

B P R W C J R E D Z M H S L
W A T H K O N O I Z J W U X
G T E I I O L Y R U J N I E
R G R S H T X U T B A G S Y
Z R C P U R F A M T N L D R
P F E E R O R E D N A L S O
R E S R T P I S U F E H P T
A L B S F E E C O R M T C S
T T K A U R N U I U T A P S
T T H L L C D P N V R R O K
L A E B A B S R J K E C C L
E T A M I T N I W A I A E S
L S R O M U R V D A T N E O
D W S C A N D A L T E I D E
I E A R F U L T A B L O I D
N N Y C I U J E L B B A B I

Gossip

D T G L I T T E R W S H T L
Y E O A I B P E P S N S Q S
A H R M N A E T T C O N H E
L C I I T S T A K I Y O M L
C O G N F T I E D S A B P D
T R A A E N B R V S R B E N
Q C M T W E R C W O C I N A
B U I E R M A Q I R D R C C
R S I M E A C D S S G E I I
Y T T L A N E Q L N N L L R
F R C K T R L W I O I Z G B
R I E I H O E T C T W Z L A
O N J T S S T C N T A U U F
L G O A T I S I E U R P E U
O L R B N O A T T B D B W N
C S P K H P P E S R E P A P

Crafty

T S O F T B A L L D L B Z M
E S G N I N R A W I A U L H
N D E C I S I O N S U N L O
N G L L A C T E K C T I A C
I N E L I E S E F I H O B K
S I F F A M T I I P O N E E
E X F M A B N W E L R R S Y
P O A N A A H X L I I E A U
I B U L L I Q A D N T T B F
R L L F T S B N O E Y I S L
T O T E O T E I L A Y B Q A
S R X C O P T H L R E R G R
C D C O S C T P C I L A T T
A E F U E A P E N A L T Y U
R R S J U D G E N F O R C E
D D E S A I B N U W W C Y N

Referee

A J Q P C V I S I B L E R A
Q O J I I D W O D A H S M E
W I N D N S L O K N R D O S
I M P K H S H O U S E J V E
O E H U A E Y B C C P G I V
S S A B B L I L E H S T E I
P N N F I T W A D D A E D L
O E T T T S S X B N C I E U
O S O Y D E T R A P E D N O
K M M P D R R R T I R I P S
O M T R L V Z L E X E O R B
O W E F A E G N I T N U H F
U I E D L E E T I F U D A W
V T H G I R F H L A E R U R
P C S C G U W I T H G I N R
M H T Y M L M A G I C A T F

Spooky Spirits

W B T N A N G E R P M A X E
E L A C S P U K C E H C W O
H O S P I T A L T R A E H P
C O T T O N B A L L S P I A
I D N R T R E A T M E N T T
T T E N O B N E K O R B E H
O E M S E N I Z A G A M C O
I S T E T H O S C O P E O L
B T N E N I C I D E M C A O
I R I S I C K Y R G P N T G
T A O R U T G A Y A A A R Y
N H P U R R T H C D T R A Z
A C P N E U I O O N I U U Z
F K A L R V L V U A E S M I
L B L E E D I N G B N N A D
U A T S A C S E H C T I T S

Visit a Physician

H X W U V A L U E M I T K N
K S L A B O R E E T A N O D
C O A C H T O E L O O H C S
W G C A M D V P W I D S C J
O N I R C O U N S E L D H C
R S D E R T B S E R V I C E
K L E P M S I U R T L A R V
R L M O T M S V I D W P U I
I I P G C A G E I L T E H R
Z K D N R H C S N T D V C D
C S O I A O A M U D Y I F O
O O H D N S U R O P N G N O
C C O E T E S P I R P I D G
C I U E N E E I L T A O K W
I A R F U R S D S E Y L R F
T L S O F F E R N T H U B T

Volunteer

Q N Q C E W E A R G P F S G
F T S T A L F F T N L E E H
O O B E T R A I N I N G C G
T Q A N D B E O P N R A O S
M B B N R P Y F T N S L R E
S U Y I M R L S J U F E S L
Q Y C S T O L A A R F A O U
B P N R P I C L T A C T L M
B O A S D E S C O F V H E G
O H F E W B T L A B O E S A
O S S U F D A K A S U R P L
T V G G R T E L C D I Y M O
S G N O H T L P X A N N U S
K E F R L E C V P G R A P H
W X F B T C P U R C H A S E
O U D R E S S R E P P I L S

More Shoes

L I D N A H A R D W A R E U
I N F R A R E D E S K T O P
G P L C J T I D N S M M S I
H U M A U S S E N S O R Z A
T T S P P R E Q P T O B S E
M O M L B T S T I Q Z O S B
H O A D K P O O O C L E F U
C Y N C N G N P R M L L A B
D I A I A O A D Q E E I O B
M R H P T Q T M C C C R C R
T O O P P O P T I C A L U K
D X V C A L R V U N X B L M
H O V E R R E K E B G F L N
L A S E R D G A R D U Q A E
R D A P O I N T I D I I M A
L E E H W K L M W F B Y S R

Computer Mice

M C F F F G L K H G F A V X
X N A S D X N O D D W N E T
F Z L E C N U O B O I Z V R
T A P L A Y A N R U T E R I
M R U S E T R H E B M T H K
Q U A L I F I E R L N O C S
Y R L I T E O E V E G U H H
W O E N N N G R M I V N A O
V I I F H I T A E A E O I E
T O V S E F N E T H G C R S
P R D T U R S G C N A A E S
I R U R U O E T A I A N C R
R E R O C S A E S I L V D L
G C T K C M A Y P Z D S D B
V A S E O S T R I N G S S A
Y B C L X F S Z N J X G L G

Playing Tennis

G K R E V L I S T A T U E N
K D E Z I R P S Y H P O R T
C W G H C N E U F W A A T N
U F I O T B A Q G C E O A E
P V T N O I P M A H C C G I
U P S O R A L D S E H D Y P
L X E R Y E E K D I A N L I
I D R A B M O L E B E A E C
T F P O Y L A V I Q D H D E
Z S N E X C E L L E N C E R
E S G R A M M Y M D I A V I
R E S P E C T T I T L E A B
A C Y N O M E R E C R O R B
C C T L I P L A Q U E C G O
S U N M V P F Q Y M M E N N
O S T R O P S C Y T U A E B

Awards

Y W O R L D L E I F P R R J
C K Y N I A R T F V C S U B
K F Q W Z N O O M F E A R J
Y R E C A P S W V A A I Y O
L L A R S N A E C O D R T A
O N I H R O K R G G T P I M
P H I I S Y V C E N T O C G
W P O U W N R W U S O R S I
H G N T R A L O E R O T Z A
S H D A E C C R T A T K E N
R Q B T A L O R A C R S L T
L L A M O F E R T A A T A A
D U E U O E M H S S F F H O
K L D I X T C K E T E J W B
X T Z F P A E G A L A X Y G
P Y V E Y V A L L E Y Z M S

Large Things

N S P E T S W I N G X C A P
R S G Z N I T A L H H G E A
A L E Z P N G E P L R I W T
S W S A M X N H E N E R G Y
L D I J M I M H T Y H R K M
A R O R T U F F G S C L O G
S O P U K U S L R B A V Q C
C R O P M E T I A X E C E A
F R I E N D S U C M T O X L
O I B Y M Q N H E R E U E Y
L M G T E U D N S P I N R P
K W M R F I T N E S S T C S
S O L O O P O S T U R E I O
G I R S T U D I O C L A S S
Q M G W Y B P B R C P A E L
C A I D P S Z T L A W S O G

Dance Lessons

O S Y R U P W H N I H T C Z
Q O Z E B W G R S W E E T Y
N F N H W U Y U F R O U N D
C T E T O A R O X L N R O K
H F D D Z T F L I O A O B Q
Y E L C R I C F M L F T I M
R T O I J E T A L O C O H C
R B G D P A N O K E L P A M
E N L R T N D P B E S G G E
B J O U I R O E G A S U A S
W A D C E T E L D D I R G U
A M T V A B A S R U Z E X O
R Z L T R B E E S A K T J H
T I O E E Q Q R H E G T X F
S T A C K R O X R W D U I T
A D N B F L U F F Y B B S J

Flapjacks

E D I E T C I R T S E R S E
T G W P H Y N N I K S K L S
A T A M O U N T Y E I A M K
F F I B E R N H X M C A F C
O M M U A W T G M S R P L A
O U I E R L A I R G E E A N
D S L N A F L L O Y X K N S
A C S E G K L O P N E A R G
L L H R U N O I T I R T U N
O E A G S M W O J M D N O I
D F K Y W K A L O S E I J V
M F E N C O N S U M E N F R
C E I N A I C I S Y H P T E
O C O M P L E X R M E A L S
P T H G I E W Q T D A L A S
T S L A O G M I Y D O B D C

Counting Calories

V A I D E M O C R A T D P E
C S L L A N D S L I D E A T
S T O L L A B L L O P B R O
P S S F E D E R A L G A T V
I I C O N G R E S S O T Y I
N V N O I S I C E D V E E N
F I C A N D I D A T E S K O
L T N E D I S E R P R U N I
U C P R O M O T I O N S O T
E A M Y T I R O J A M R D A
N M S R E P A P S W E N T N
C P G I N C U M B E N T C N
E A G R A S S R O O T S E N
C I R O T E H R O Y A M L Z
E G A S S E M K H O U S E N
E N E Z I T I C A U C U S C

Campaigning for Office

S A U N A I D Q G H R X C O
D O O F L G S X M X O K I B
O O S C A L D I N G M I Y Z
Y X G O O R H E Z G O V E N
F T N O A C E H P Z N T L Z
G U I K Z X T W C L U S T B
Y Q R I E T D O O R A C N B
J Y P N T M F M H H O S A V
N U S G A F E P P C S T M J
S W V T E C K M U R T A G A
W N C E J D E L I O B R E M
E H R A M R T S P C S S Y G
A E V U C A T E A S U N S A
T A B U B B L E N G I N E M
L T R R E V E F U J N O R I
J Y X A W N E K C J E A C H

Boiling Hot

S S O M E B J I C A P Y R C
D A I S Y G N O H H S O W B
Y P P E N R E T A W S P E H
C E Q E N O T N R E F S A U
M A L D V W D L O I U A X B
F B C S L I C H E N D P E R
B V L T R I B S D A E Q O L
G P K B U A Q P S M R O W U
R N Y R Y S P R E N T T L P
A H I D E N P O T E T C H A
S N L V U O A U F E R N B B
S Z I V I B Y T L R M P R B
B H S A U L L O O G W E E D
C X A O R Q I P W B H T T S
N C B D M V L N E D R A G S
Y S G M F Q R C R P I L U T

Plant Kingdom

K A C A D E M I C S E M A G
R S E O R E H R E P U S B F
O L P C A L C U L U S M U M
D R A W K W A M B T I A N S
E D S U I N E G A U N R S E
T S S S T U D Y E T T T O S
F R I S H C H G G O E Q C S
I E O S Q S E O D R R U I A
G T N E G I L L E T N I A L
F U A H F C G O L B E R B G
A P T C O E T N W E T K L R
N M E M E Y A H O E T Y E A
T O I K P S S C N W F N M D
A C D E B A T E K D D O I E
S K R O T C E T O R P E N S
Y R A L U B A C O V H T A M

Nerds

D S N M U S I C R W O H S V
D W O R C T R A P E Z E J E
B F E I H I P O M J K T C S
S I Y N A L O U U O C N L T
T R E G I T T G J W E A I U
N E P G R S G E F I M H O N
U K H O O L I S D I E P N A
T T T C E P B U N O S E K E
S E S R O H A A E O T L D P
N N C O S F L L K B E E O A
R T D L P C L P Y Q K P E R
S L U B O X O P Z L C R H A
E F F A R W O A Z O I N B D
A R C N P H N R R A T M E E
T T I D F I S N L R E M A T
S T Q W G P Z T A N O Y R F

At the Circus

P U H A N N I V E R S A R Y
A S N O I T I N G O C E R N
J U L Y F O U R T H N Y S O
Y P P A H A E N I G T S D M
A E R T U N O E A R R H E E
D R O L N I V G A A Q C T R
F B M I T E E P E D B R I E
L O D C M M M Y C U B U C C
O W E E E S W E B A S H X E
W L N N I E I R R T R C E A
E T T T N M A R D I G R A S
R B P J O Y O U S O T E W T
S A V A L E N T I N E E A E
B B Z C O M M U N I O N R R
K Y G A L A V I T S E F D J
G I F T S N O O M Y E N O H

Celebrations

W A R M T R X A O W E E J C
B O W A S D Q Q Z C S E O G
Q U E S T U M Z B M H P G Q
D C R O C I N M H D J A S P
T H L N C N M L L O S N G W
S E E R G E D E I A T S H S
U F L Y R K R C R K O O B C
A Q L I P C D A S G N C P S
W H F O G I W N M N E O T X
D C P N N H E R L I O R B C
B T O N H C T U D Y C C C S
C U E O E Y S F N R E D O M
B R I C K R A F E D G W I A
U K M R A L O S O K N A L H
M E L C C O R O H R A M S E
P Y K P D J W D O O R B Q U

Ovens

P U Z Z L E S R E T T E L C
S O E O P I N I O N N F T H
E B L D F O O D H A I N N H
C S Y I I Q P S T N E V E E
I O T L T T U I A M C A M A
V T S A I I O N N L D U N L
D O E C T N C R A L R F I T
A H F O A E E S I E E N A H
U P I L D V S N H A T Q T R
C O L C O I E T T E L C R E
T D A G F W A U R J R I E P
I P G I S E R V I A O T T O
O T E S W E I V E R M I N R
N D L R S E C U L T U R E T
S D R O W S S O R C H C E T
T B U S I N E S S C I M O C

In the Newspaper

C A N T E L O P E B F Y T S
A R G A D W L V U S D A L A
R A A A O E A L P D I W F I
S U M R Z W L A A R S B A L
P G R O L E C S P B S U S F
R A S A T E L L I T E S T I
I J D N S O A L M N R S B S
N I A H O N R A E O P E A H
T I I V E W C B D C X N L B
E P A M E H M N O L E I L B
R N I R S L I O D A N R O T
C T F P T W I N B F T G D E
G R E Y H O U N D I E E N K
I E C H E E T A H N L R U C
D G M O T O R C Y C L E O O
L I G H T A O B D E E P S R

Really Quick

S C A L E C L R O Y S F X E
O Y D S A C C U R A C Y E C
W S P Y P V W R L N O T E S
S T S E R Y R M E A S U R E
T A C K A D T E T O N E E L
U F I K C O U H T G G H H B
D F S O T L N N G N L C C E
Y E U C I E E Z I I I T A R
H L M T C M V F M Y R I E T
Y C I A E H R K Y A U P T A
N N N V K E O Y D L J H U L
O D O E P O E R R P E O O F
B M R M B Y I T D O R V R O
E R A G R A N D R R V A O Q
L D P E D A L Y A O A I H X
E J M H T Y H R B L F I U S

Piano Lessons

T X T H G I E W F N X S T G
G G P B L O C K S S A M M L
J H V A S M U I D O S A U G
U E K H O C H O L L P R I Z
R L A T E M I A L I U R H C
A I A R X R R E L D O A T H
N U C L E U S C N O R N I E
I M A P T M O D A C G G L M
U Y D A D L O G N L E E S I
M O N E U T R O N O C D N S
E L E M E N T V W T B I N T
R H N C N E G O R D Y H U E
U S A O H S L O B M Y S M M
P W M F R A N C I U M A B D
D O E T N O R I O X Y G E N
Y R S N O I B T N O T O R P

Periodic Table of the Elements

V I D E O S E T A D Y B M P
E K I H T D X X P M F G S A
M K V R B E A B S O J N E R
I F O T T A N N O V O I R K
W P E A W Z S T C I K L U R
S R V S R I B K C E I W T E
B N O I T A S R E V N O C V
U B L A L I K T R T G B I O
L G L L D R V C E G B E P P
C U E E C T O I N R C A H E
Y G Y V V O R I T A H C L E
A R B P K A N I T I C H S L
L I A M E N R C P K E A E S
P L L A U G H T E R U S M T
S L L R E E B S I R F W A P
A A N C R E T A E H T G G H

Fun with Friends

R N T S Y S C I S Y H P R C
E Y U A P M M M Y T C E E H
V H T N O E A P L E N N S S
I I O S C L L B L K E C E I
E S R W G B I L A C R I A L
W T C E J O R P B A F L R G
S O B R L R E T U P M O C N
P R U O C P Y Y S R A H H E
A Y G D E A D L I N E P N Z
N Y R E S U L T S M C A E I
I W K S T L U C I F F I D R
S U E S S L I S U R V E Y O
H G E O M E T R Y L O S T M
V E L A N R L A N G U A G E
I V T C Y B O R I N G S V M
E H E N I F E D F O R G O T

Homework

R P L A N E T S U N A R U L
E L J S R R R Y G R E N E D
C U H N U O L E M T N D A U
A T I O T L Z X T A U W R S
P O T I A P Y P B I T R T T
S T L T S X M A R S P T H I
K R E A G E D N W W E U E B
C A B L I R T S O Y N T J R
O V O L E T A I A O K E K O
R E R E Y S S V L G M L B C
A L P T R S C E I L L W I T
L W E S U U R O L T E O G M
O Y C N C N A N P E Y T B Z
S D I O R E T S A E C G A E
W X J C E V S A L U B E N S
P D S O M S O C O M E T G K

The Universe

S G D X M E L B A S U E R M
E G N O L A C I R E H P S U
E V I I Q Y A L L I E U N L
X S O F T R C B O L G O R T
T C A R E T A O B U V I G I
E I C M P E I A L E D O D F
N S O O M M S F L O V Y A O
D V A R N O I T C E R R O C
E S E C P T Y D R S S E O A
D P O S N P I N A I G S D L
S E I L C O I N G I M D I A
A D P L U G I H U E L R R C
L R E P H T T S T O A Y B O
I A D T I E I I I E U F Y F
N H P Z D R C O W V B S H I
E A E N R O C I N S E R T B

Contact Lenses

T M R D E S S E R T R A Y J
X T C I M A R E C T B G X N
N L A S A U C E R O O S I E
R D S P W N G K P P W A E E
A E S O A D I L I A L A T R
M R E S X P P H T E R X O U
E E R A W N E H C T I K P T
K V O B Y E R R H E A C M S
I O L L W E O E E L N R O S
N C E E N P N D R B I O C A
S T O N E W A R E A H C B L
E L I G A R F Y H S C K U G
T D N R I N S E H U E E T Y
A D E M I T A S S E N R T A
L P U C R E A M E R I Y E L
P Y J U G W V L O C F Z R C

Dishes

V O I C E W A T E R G N O L
O Y M H K Y D N O S S E L I
F P O D I U M I R S X S N P
E Y O J A B B E R E P S R R
Z C R I T I C A L E T H T A
I G S E N O R D A R C C R T
L H S O R A L K U T A T E T
A C A D E M I C I D N A P L
C O L L T G T P D E C S X E
O G C L L S A R D H E P E F
V N O I T S E U Q M D I Y R
T I D G U S T U G R U E E S
A L E H S S P Q G N C L S T
L I S T E N X O B P A O S A
K E K S E T O N Y Y T L L G
L E A R N I A L P X E J V E

Give a Speech

T I T L E A V E C I F F O Y
W N O I N U T K G Q Z X M G
A W O R K H I R E A T O U Q
G P A Y R A L A S U N O B S
E B U S I N E S S E E A U E
N O I T I S O P Y J I R M X
C A V A C A T I O N L T R A
Y I N C O M E I T C C E U T
C S T I F E N E B O E D I D
F U L A B O R N Y R M F J T
F S S K S V K M A O O O R L
A R E T I U R C E R L A R S
T U B E O V Y K P Y D P S P
S O W T E M I T R E V O M P
J H E L U D E H C S B A Y E
F I R E S I A R E V I E W I

Employment

X C C A N T O M A T O I Y G
D E X I M I C E Y E P A R G
S W E E T E D L A P E A R E
H Y P I C R I O P A B E E T
C U P M A W U N A I V R H J
N O W I R X Q S P I N A C H
U G N U T R I T I O U S U Y
P N E C X Y L N M G T P O G
B A C P E E R E A R F B C C
A M T L N N L R A T T E A R
P S A U T A T W E D U R X E
P W R P I L B R N B R R U M
L P I S U E U E A O N Y A I
E G N A R O L E T T X A E L
O Y E R F B L U E B E R R Y
L L Y B K K L K V D M C O C

Drink Some Juice

X L Q F B T W B T O E L A P
L J O Y R E V L I S O L C B
Q Z K V E V V K T R L I V F
E S T N E C S E R C D T G R
H R Q L Z C K E O A E S J O
Z U U U Y C T L S M I D L G
J C B T I R Y K X P L L N S
B F O R A E S N H I H A C U
N R C U I N T I S N A E C M
W A Q L P G E W R G L F R M
J Y W E N L H T A G F U C E
Q O N I H O E T T N E L C R
W I Z I L C R K S I I L H K
P A T H H U I B R X E N I M
G R L M A S L E B A L L G Y
D T A K K T E N R W D E H O

Moonlit Night

P B S T U D Y V L O A N S T
F U N D I N G R A D E S Z E
E X A M S X F N O I T I U T
D E G R E E W R I T I N G A
E X P E N S I V E D S A R T
R P R O G R A M S E A I B S
A U E S N E S L E B P E H E
L S Q S H T T A S T R F R T
P L U E T U C C S E I A L E
D P I C L P I O A N V I O A
I U R E A M R L L G A L O C
P B E R E O T Q C L T I H H
L L D D H C S S C I E N C E
O I A T U N I O N S X G S R
M C A N E R D L I H C P E E
A M B O O K S U M M E R S T

Back at School

V E E T U J Z G A G O Y G E
Z G S B R E A K N N N E N N
Y G N I R O L O C I Q R I J
M U S I C Z F A W K H U T O
E P Q F P R L M P O W S T Y
I A G I A M E K O O B I I T
V R N R N S A X B C O E S F
O K I E S R O C E I R L V S
M A S S A G E O K E K W A E
H S I I D E G S T U K I G M
Y L U D T N H R T H L N N A
B E R E I I E R Y I E E I G
Y S C D K A E I N N N D I Y
H A A I T V S G R A N G K Z
R E N N I D L S B F P U S O
R G F D E Z H C A E B S S C

Enjoy Yourself

S P M A T S D P A T C H E S
B H U N T I N G R O A N E M
H U C A S E N I R U G I F U
O T T P I O N N T N V M D B
B R L T I K A O B O O K S L
B A E T E M G M M I N T B A
Y M C T E R O T C E L L O C
S U S N A D F A N D O M T Q
A V T P E Y R L E W E J T U
S S H L S E U Q I T N A L I
C S S D E V R E S E R P E R
I N S E C T S A M A S S S E
M U C O M P I L E C I R P H
O F G E T B S R E T S O P T
C O I N S S L I S S O F E A
X P I C T U R E S T O R E G

Collections

E V I R W J T M E Z C G X R
M Z E E T A R E A R K K I L
H D B R Z O N Z A G N B E X
W U Q D W I S W N S B N F D
T M L H A Q L I D E N V E N
J B L R U Y H I D U D T T U
T D Q I D S L B T E A R I O
G A R O I E U E T R W T A R
H M B F N R A N B S E A B G
O P O N R N E E O W I F L S
K E A O G M T F R O H O O K
E S W R G R L I O S C N M I
G T A E E J G C O M P O S T
G S S V S G N I T S A C C Y
S T N A L P F A R M I N G U
D I G E Y M I L S Y G S A T

Earthworms

R A I N P P S L G Y M G T W
L E A V E S E A S O N H M A
B C B L O O M G R E E N T R
T H G I R B B S B L U B U M
A L L E R B M U E V I L A B
L A R F S T E T D L I R P A
L M E W U H H A S D D Y Q B
E B T I N U O R C H I D S T
R S S N N Z E O C H F N U B
G B A D Y W T L T R E L G P
I F E Y O Y E E E S I S A S
E R E H T A E W K P K S R T
S E S V N M O T S C J W D O
P S N E L L O P I G A G E R
A H U E F I L H Y K G J N M
U Z V G Z R C S E T L E M Z

Spring

F T Y D B R O C C O L I D T
P O U N O E G G R O L L N E
N M R O T O R R A C T A I S
E N I T E F F U B F R E P E
K I C R U K L F R U G R A N
C E E A H N A I A W I E N O
I M N C T S E T N N N N D T
H W I R T D S C G O G N A N
C O E E H E K R O P E I E A
N H M P R O O D O O R D X C
U C O A W L L S N U K Z P W
L I L P L E M A S E S I R B
D A L A S E L B A T E G E V
B E E F D U M P L I N G S M
C S N O W P E A S I A N S S
P U O S P I C Y S A U C E S

Chinese Food

E T A B E D L K S A U C T R
Y T R A P G A A L Q I J E A
K R A B M Z N A V F U T E D
R E T S O O R I F I T E N I
F C G O F M T A T A T E A O
R N N P S S R O H U I S G L
E O I S E T E C R G O Y E B
E C G G K O T N H S V H R F
W V N P H R P B I R D S S C
A A I H M T O L R H G O D T
Y C S O U R C W E O C A R H
B U N N S Q I L E F O A U U
A U A E I K L H U R X K M N
B M F H C A E L E B I C E D
H R E M M A H K C A J F V E
N E R D L I H C H O R N R R

Noisemakers

L I C E N S E L U R P P T G
L G R A N T S N G L E V K N
O X O J P E C N A R U S N I
R L A E D I I N M R Y I O D
Y O G G Q C T I S E R E W L
A C N N N U T A M T O R L I
P A I A I S I P L S T U E U
R T N R Z T L P S I N T D B
O I E E E O N T M G E C G V
F O P V Y M N U M E V U E E
I N O E K E O I O R N R M H
T J E N M R B C N C I T A I
I S A U R S U I N G C S N C
M B C E O Y T I L I B A I L
B O H C R A E S E R V I C E
D U Z P R O D U C T A X E S

Starting a Business

H J J I R Y T R E W O P D S
D T S U G W Y A L M W G P E
G K Y R Z O P P E N E D M V
T K E D C L H M M A A L R A
S N D R L B O U E T T O O W
E T B A L L O O N U H C T I
W N U F C L N O T R E K S N
M Q O T B L I Z Z A R D O D
S O A L A T I F N L O O C S
C F V P C G X M A E S B T O
L N L E N Y R I A N D R O C
O O R O M R C L O T E E R K
U I R W W E L M G N E E N D
D T U R B I N E G A P Z A Y
S O V I H K I T E Z S E D U
N M K C E F H G O H T R O N

A Strong Wind

P M S R E T S O P E D C R A
M I A E W D E T A R O C E D
A R Y T I N A V A P E E L S
L R J R T C L O S E T Q A H
C O T O Z R B R U S H G X E
V R S F K K E B U R T D D E
U P E M R E S S E R D R W T
B P H O T O S T S D A A Q S
K O C C I S S D R W N P U R
W P O B L A N K E T X E I E
O D R K M M W R P S S S L V
D F A I J A S C P J K E T O
N U E E V J H N I A T R U C
I T E P R A C B L I N D S G
W O L L I P C L S E R E N E
C N Z R O O D Y E L B A T E

In Your Room

H C T E K S M U D G E S I N
D S N E L A C S K I L L M E
I M E D I U M S L E T S A P
E B T U C R E A T I V E G I
T T N B H J S M R O F C E C
I E O D I M E N S I O N S T
H E C N A L A B L M U E E U
P W K H D S L L P F S R I R
A R T O N E L O J N R D L E
R C D S N I S A G Z R L P L
G R I D T I Q I M A C I P D
T A S S T M S U W I A H U O
R Y T I R E T X E D N C S O
A O O R D E P T H S V A P D
C N R S R O L O C H A L K R
E S T C E J B O R E S A R E

Drawing and Coloring

N S W D K S U I T H C K N P
A H L Z P I E T R A A Y W L
A O R I B A C L L J E T S Q
G E H E L W W A T C H E S Q
O S G N I R G T S E N A L P
Y H B L N M D S M T G O W N
P S R K G I E Y O D L M E I
K U A E N H S R R E V E N T
F A C N T J I C P X F G I A
K A E O L E G N I D D E W S
L R L O P W N O I S N A M T
I C E D R E S S E S S X V A
S P T E Q L O B S T E R K N
P M E X C R O W N N K K Y I
E Z L U A Y A C H T S E A H
B O A T S E M O H Y D N A C

Fancy Things

S N I M A T I V H E A L T H
F D O S E P T N E I T A P E
N R I I G N I N I A R T R L
S U B S T A N C E L L I F P
E G R E P A D V I C E P T P
L E O S W E L L N E S S R H
U C T R E T N U O C A O E A
S I C K N E S S G F F H A R
P V O W A L G R E E N S T M
A R D C H E M I S T R Y M A
C E C N A R U S N I Z Z E C
A S N A I C I S Y H P Z N I
L R E D R O Y P A R E H T S
L I C E N S E D T A B L E T
M G E N E R I C M O R T A R
N P I L L S C I E N C E D M

See the Pharmacist

R E H T O M D O G W F L E C
Q R F D O O G L I T T E R E
L U F I T U A E B M S T U C
N T I R I P S T O O T H T E
M A G I C E S P R I T E A G
L R P M F W A N D Q F R N T
F E Y R C R E A T U R E R T
V T G H E H Y S A T N A F I
H I D E I T I A G O B L I N
F L C U N D E L S M A L L Y
E L V T S D D P D E M O N G
L I Y R O T S E C R H H R B
A K X B B R O W N I E S Z N
T N O I T C I F D S G N I W
F O L K P D N A L D O O W W
K G S G H P M Y N E E U Q W

A Visit to Fairyland

E S G C C H A N G E T I R W
G C A C N M O N E Y A P I N
S S N L O O G N I P P O H S
H D E U A M T S N T F A R D
S G N N O R M E S N R I E Y
I T T U D B Y E T U A W G A
G T N T F O Y F R O U O D D
N I E R Q I R F U C D L E V
U B M A E R N S M C I I L L
J E U N T S O A E A F A B L
W D C S U N A U N I D M L I
R Z O F I M E H T C K N A B
D B D E W N B R C I I D N O
A F O R G E E E O R N A K O
T I D E R C Q S R E U G L K
E H V W L A N O S R E P F Z

Bank Account

A U T H O R O T C A R I C H
E G E S U O M A F G O M E Z
X L A Q E E U P O P U L A R
G E V G N I R A T S B O N O
S T N I Y G V C I S U M N Y
I H M Y S D O O W Y L L O H
N E N I A L A L M C B F D P
G A N I C H O L S O N O A A
E T S A N N A H I R G H M R
R E C S I S U O R O M A L G
E R O I E P U K S C T T S O
C J O A L R M S X H R H T I
N O L D T B I Y L E E A R B
A L I E W P U E L R N W O E
D I O L B A T P H O D A P C
E E R E B E I B J Z Y Y S K

Celebrities

S Y K M C A D S E H D O R Y
E S C I Z N D M C L O O P P
X N T D O W M A I H N U G R
B Y L I M A F Z O W O R S S
E R E F I L S T O R E O T E
C A U P E T S T Q X W A L K
N R F B H Z G Y N A C P T I
E B Y G U S Z C T N O E R B
F I I A T S T C O E E K U F
R L X S R D H I P D F Z C V
I Y O S L D S S A R G A K I
E P B W I E C P L A N T S Z
N K L N E G A R A G T H E X
D T I B V R R I U R T O M K
S N A D M D S R E A K M A V
G B M O S F N E P S X E G I

In the Neighborhood

U W D E N T U R E S F O V R
Y L R E D L E I C T W G I E
C E N T E R R A N O N N T K
F A M I L Y A H E P O I A L
T G L H N J C C I S I B M A
E I H C O Z I L R N T D I W
Y N G T I M D E E U A I N E
E G P R E U E E P S C S S L
G E E A A E M H X F A C R L
L R N V K Y T W E R V O E N
A I S E D H H E N A C U K E
S A I L I D B A S I L N C S
S T O P S R E V I L Q T E S
E R N D I A G N I R A E H T
S I W R I N K L E S B F C R
E C S I N I M E R E T I R E

Senior Life

O T N E R A H S E C R E T S
Q O A N A Z G U D I A L O G
S P M O N P R O L L E T L K
U I U T T W N E S C W T E W
I C H I T C H A T S Z A A O
O O F F B M O U T T I R R R
V N F Y A F R N U T A P N D
J F Q V B E G O V Z E H X S
O E R O B A H N F E T R C D
K S Z I L S D H I N R K I H
E S V C E T E I C K I S K G
U N R E T N A B V A C A E L
T O O R G E D U H U E O D A
T I L A I C O S S P L T M C
E S G V E G A S S E M G P O
R E M M A Y Y Z L A B R E V

Talk Talk

N R E B M U N W S L K M F Z
S I E V E N T T H K N I R D
U N A S T A R T O M N L O R
I N I R U E Y E E I F E L E
N I A P T L F V S I X S Y H
K E T C T Q T H R R E N M E
A T H L E T E S U X U Z P A
R O U T E G T N H G T O I R
A R B C P A R A M E D I C S
C P A M I N U T E S I I S A
E P R D E S I C R E X E N L
M S R E T E M O L I K N A L
I J K I N H C T A W N I C A
T U O C D N T A E W S L K F
S N A F O E I K L A W Q S I
F W E E K S E W U P L R A C

Run a Marathon

B U R C S S U Z D D G M A O
L C H E O G N I K L A W B Y
T H X C N O L F T D R A L T
G A R D E N L O R R B I H A
N R T K G S I L A Y A T O R
I T D R N R E D S D G S E E
P C U R I G U I H E E S Z C
I B S A T M T N R H T I I Y
W N T K N T M G S E R M N C
O X I I I B T I P O C O A L
L K N N A T D M N Z S O G I
P C G G P U C I U G E R R N
W A T E R L N H B U R H O G
E T C P E G D E E F C T R X
E S L A E M O P D N W A S H
D T N A L P O O C S F B V G

Chores

S I S A L U C Y O F W N B X
N R O C I R T E Y P P O L F
S A I L O R C O I F N P A C
T U R B A N C O P N Y M B C
T D A P L L A B E S A B U Y
R T P G L H A T O N R E S B
R E N I L L I M A Z M I B S
R R Z Z M O B P P G U T Y T
P E H O K R P O H L L E B A
F B R N E W S B O Y K T I G
C A Y R V O P A E B E B R I
L N O S T E T S I R Y U E P
O Y B L I R T J N I B C T T
C H W L G A R B O M R K T F
H O O D R E L W O B E E A V
E E C N U D V H B G D T Z D

Wearing Hats

X X J T S T E A K C U D S R
P R N A I L A T I F M B E E
N Z L F K A P P L E R S C D
K S O L A F F U B E D A I O
A K R A Y R E H H R N U P O
G C U V I E O H A C Q C S F
U I L O R T J T C I T I J P
J H E R E T S S L Q Z E B E
P T M U T U H V H O P R K S
Y J A U M B C O O K I N G T
N V R T S U N E C V Z A C O
Y D A H R H A J B S Z P I T
Q E C R A T R A T R A L L A
M I Y D G B R O W N A B R M
R O Z E S E N G O L O B A O
S B T E T I H W K M W A G T

Saucy

P B C S T A E L C J S T K L
A I F E E H L G U H I A H E
R N R T N L O M I U Y S S O
A O I A T A P N S A K D O T
C C S K L R G G K I K N C A
H U B S O U N W S C E A C R
U L E P A I I A I T N B E D
T A E R H C H T S O A T R T
E R D T K D S E E S P A B S
K S A E A Y I R S P U E A E
C B T Z E H F B Z G C W L L
A G C K S F O O H Z K S L G
R L C L L A B T E K S A B G
X O Y Y T Z U T E M L E H O
H V Z D L O L L A B F L O G
D E D U M B B E L L S D A P

Sports Equipment

M C K T N I A P L U M B E R
C C I Y N Y P E O P L E O E
O H E T T E N S S S K C M T
D H U I Y O M A T E R I A L
E A O R L E O T P A O F S E
W Y C U C I S L R M W F O H
A S C C S H N C S A O O N S
L T U E S E H G A T P C R F
L E P S H I H D T L O A Y L
A E A S T A D W E M A R F O
T L N E A I L E M O H T E O
G S C N T J E L E V A T O R
N T Y I I L B L O C K S J R
H R O S B N G I S E D O O W
R N A U A E E N G I N E E R
I H E B H E N G R O O F V O

Built-Up

P L A N T E U Q U O B M S R
Y O N R C U T D T T P U A E
S N I G I S L A T E P I S T
M T O Y I B N F R L U N T A
E O S E R S B F O O R A E W
L S S I P E E O Q I C R R K
L G I S R V V D N V H E H N
S N B L O O M I N G A G D O
P I I C L L L L L T S N F R
I D A I S Y B F H E E E L C
L D L O G I R A M U D E O H
U E H T N I C A Y H S R W I
T W S E I L I L M I S G E D
E S A V D N A L R A G L R C
R O S E S T F I G B O W S A
K G A I N U T E P I C K E D

Buy Flowers

G V R N K P O S T T W H Y Y
I M X M U D P K F S N O W A
L Y C W E X S G I D T E O R
M R O D P T Z H L N E E D D
C E N S A G A S A V J E A D
B W S C C R K L O R H H P M
U O T O S O P M C S P A D E
Y P R O D U C T I V I T Y M
A U U P N N K R I L E S T B
Q I C G A D X G A K H Q R L
Y O T A L W R U C H A U O A
P M I R L A N U S C N A W D
E R O D V A B B O N D R E E
J T N E M P I U Q E N E L C
S I I N P U F R R R A Y N I
R P T Y N S B Y N T S O I L

Shovel It

E L T B U S L A E M L F F M
U Q O H S O P O L I S H A G
T U N U T C E R R O C L N J
R E E M Y I O T I P P I N G
I U Y B L A S N H V T V I O
V E D L E L P N D A A I L L
G S G E D N I K E U N C S U
G N N O Y N A P M O C K Y F
R O I V A H E B Y D I T S T
A U T M A C T I O N S M Z C
C E E F R S S E R D D A A A
I S E S I A R P T F H R H T
O I R M T G H E S A E L P S
U O G U G R A C E F U L B X
S P R O P E R M U R O C E D
T N F O R M A L G S W E E T

Mind Your Manners

C H T H C A Y K E N I W T P
J J W E J G P J F N X X O U
S S E N I S U B L E E O T M
S E L F F U R T O C L P W J
Q P U R S E W D W K O I G U
O P A Q H I L M E L R A N Z
C C A T I A L T R A E N I F
T H A I R T M K S C T O R J
E E O E N M N P N E U C A E
L F M C N T A A P H P I R T
B E D L O G I D N O M A I D
A R S D V L O N I R O S E S
T R N T P I A L G S C V B O
B A Q P A F L T O E N O H P
L R A W B T E L E C A R B D
J I H O U S E W A T C H M N

Expensive Gifts

L S I C E G A M A D U B P Y
T Z T A N S N A T U R E P L
M L R O W D P C W H B A A L
G T I N O I S A R B A C T U
H D V S D R W M L K O H L G
B X E L K T I E K L C W E N
S S R M A N S A N D O O D I
D P T N E M I D E S L C R G
I L F R R T J X R O D S W G
L C A E B C S F G O T N E O
O L R T G H R Y F I U L A L
S I M A R A I N S O I G T L
S M I W O N P O L O N T H Y
A A N I U G P J S L C U E T
R T G N N E G L A C I E R S
G E R D D O O L F H A H D E

Eroding

L E G A L L E R Y E G D U J
E Y E N R O T T A E I H U S
V L M T G N I D I S E R P E
A I T O R R J E P N Y F R N
G V E T O U I U W E G I O T
N I S H S R T A S F V L S E
I C T T Y E T H F E I E E N
R U I L F E F R F D N S C C
A C M A A L F L U D D U U E
E V O R N I I A C O I M T V
H E N E E T T I D U C M E I
C R Y D O S N R N B A O S D
N D I E P O I T A T T N A E
E I D F B H A R H P E S C N
B C W U U H L A N I M I R C
E T A T S A P P E A L I D E

Court of Law

I T H I R D E Y K W I L L Q
S F O U R T H F L Q R S T J
J E D G C A A V N I R P S H
G T C O E V L U G E M L R H
A M F O O T F X E G T A I Z
M I R R N L H P N B O Y F K
E P I D B D B E E L G M E R
S T E I R E D A R A M A C H
E I N S O T E N A N R T C A
I S D T T C U C T R E E L R
D I S A H E S E I E L S O W
D V H N E N P S O T A M S F
U T I T R N D T N A T T E S
B K P N L O W O F M I Y N U
I K C U Y C W R E M O V E D
V M C A J Q E N O I N U E R

Cousins

Y H I L A E T S I L V E R H
U O X F A L W B E R E H I E
I L G O L D P S I H S C C W
D E D R A U G N T C L M H V
Y M S T E G G U N A S O E T
E V K U H S F B B E S T S G
N V A N O I L L U B A H N T
O N J E W E L R Y R Z H I G
M A P M H A M D I H I P O P
K L O O T N R P N D O E C Q
C A V E H U S K D A P A D H
O R M D T O C E A N S R R U
R I P S L B N Y I H D L P D
Q Q S L A P O G M B W S E A
A M H N E D O O W H U L F O
N Z W Z W I L B E Z I R P X

Treasure Chest

B A T S W I N G S T F A R C
T C U H C O L T R I K E Q I
T R A V G K I L E G O S Q S
C A A A Z C L R A P V K K E
P Y W I K I E M C B P C C M
Z O I E N T V Y O C O U Q A
M N R M U S O G W L D R P G
U S E P A O H E B T B T A N
S K M U H G S L O E S X N O
I O O Z O O I G Y A E S I O
C O T Z S P D N H S R S M P
V B E L V X I U A E U E A S
B O X E S F R J T T G H L L
U I E L E C T R O N I C S I
S S K D O L L Y B Z F O F D
B W G E J M H H G P L A N E

Playthings

L F O N C Y S A F F R O N I
I E N U X H R D S E V O L C
S N I T F Y U O R A M O I U
A N O M A G R T C A V C Y M
B E N E E R I A N I T O R I
V L A G L C R N M E H S R N
I M G A Y D I A S E Y C U Y
N T E S A C N P G E S A C M
E U R M B I C A S O N O C Y
G R O S S S A B K L N G R E
A M T E C I R O C I L N M L
R E N V A M A R O J R A M S
L R E I T A W T L A S P A R
L I M H N C A Y E N N E A A
I C I C I E Y G I N G E R P
D G P K P H S I L E R R O S

Make It Tasty

S P L L E T N A M Z M R K P
S H I N Y R W N L E V A R T
G Q F L J D A N T A G A A H
L F E R O S W E L L N N D G
E S L U Y T O T F O I G A I
B C T A F R S N M G Y S R L
O O C U S O E A H A L E B R
R M T B D H L T N Z F L E E
T E E V I Y U O S O X C G V
S T R E A K G T G Y Z R N O
P S C L O U D S T Y M I A H
A D E U N U S U A L N C R S
C R S V D N A L W V E D T A
E E Y J G B I X A O H V S R
M I K I I E A D X U P S S C
K D S Y N R E C U A S E T I

UFOs

O S I R A P L M O S N A R T
I O P Y I A U T H O R Y A S
D C T I N N E W Y O R K W R
A E H D R X V Y B A B S S I
R A I E W I R E C O R D H F
G N I M R O T S N R A B A C
G E X P L O R E R T M M U O
A A C R A S H R C P O L P M
R C H A Q T D E O U R R T M
M T I L M O L O S M E L M E
Y I L O N E E A G L E I A R
L V D Z B T R G N K N N N C
U I Y R O T S I H T O D N I
C S I L F R A N C E I Y O A
K T I R O T A I V A P C L L
Y P L A N E R K I D N A P F

Lucky Lindy

T W L L I K S C A R E E R R
O S R R E H C A E T Y X O W
F E S I S C W M M R T A S A
F T J S T N T P O E L M E U
I A T O E I O U O P U I T T
C C C E U N N S R X C N A H
E U N A S R R G S E A F U O
S D U H D R N I S E F O L R
S E J R C E U A A I L R A A
A G D R T R M O L F A M V N
Y E A O U R A I C S A E E I
S L L T D O A E C I V D A M
B L T N A T S I S S A B O E
A O E E E C S T N E D U T S
L C R M H O T H E O R I E S
Y Y M S E D A R G U I D E S

Professors

B R U T S P G S R E N N A M
E C E C N E R E F N O C E A
N S H S A E N E D E R I H I
E S T A E N M I S S I O N L
F R I S I A A E L I U W Z R
I T U Z Y R R L G E D D E O
T E S T H S M C Y A D E E O
S L E L C R T A H S N I N M
T E L A R U N E N S T A U T
R P C M A L R O M I C Y M G
A H I R R E I T B S E Y L O
I O B O E S T U S T P X W E
N N U F I T S E G A S S E M
I E C V H Y A S T N E I L C
N C I L B U P R E T R E A T
G D C O M P A N Y D E R I F

Business Life

E W T G S E C I T C A R P K
F X L K N E D I F Y I N G D
X C E N O I I W M U E S U M
J L J R H O V R R E P A P K
G B L A C K B O A R D M E H
E N N E A I S S R R E A N C
D D I L O S S S S P B I C R
U E A T C L L E D O M I I A
C C L H F L N F S S S I L E
A N P E V I L O O H C S E S
T A X S Z R L R Y O Y K C E
E V E A X D D P N W M I T R
P D G U C U L T U R A L U N
D A K R O W E M O H X L R E
M Z I U Q N I P O L E V E D
Q I N S T R U C T C L A S S

Learn Something

M E S H A D E S J W L K C S
E G D I R B Y A P A I R L W
T N O S M I R F R Y G O A E
A I B G S C A E A F H U C R
L H F I G O S T C A T N O C
F Y B T N L S Y T R A D F S
R D I H E O E G I E V G I L
A N F G L R C S C R I L R T
M E O I P S E U A T A A T E
E R C S M B N C L Q T S S L
S T A T E M E N T A O S E E
P I L O T P S Q U A R E S S
Q L M U I N A T I T N S N C
N A D T G N I D A E R G E O
R V Y L T S O C I T S A L P
M O N O C L E Y E P I E C E

Eyewear

T M S O C K S G U R L A M B
K P Q G I R F S W E A T E R
M X K I W I F T E H K B M A
V D M Q I A U X P T L A O E
L T J K S H M Z A A N R R B
V L V A Y A R N N E U A Y R
B E G S X M A K D F B F Y P
V F L T G S E E A B P R P I
N F R O K T V C I I A B P J
F O D C U E A T L W R L U Z
R L I A S R T L K L A O P C
A H E S P N O M I N O O B P
C A O E I W C B T G N G L E
S M T L C V R D T Y H R I A
T X K S A E D I E C B T B C
J H J S G U E Y N N U B S H

Fuzzy Things

W K V S E X A T R A S H Y Z
A W I X U N C A B L E G T G
T E C Y Y S E P H O N E N B
E C I R T C E L E R E D U E
R E P A I R M A N E R D O Q
G E L U C J Z I S T G P C T
Z S C C A H S T A E Y A M U
H E E I Y W T N T M T X S S
X I G T V C I E E C I R P N
N T F R A R D D L Y R E U I
L I S C A R E I L E R D B K
H L E J H H R S I N B I L L
M I W W C E C E T O K V I P
C T E L A I C R E M M O C D
C U R R E N T K U F Q R K V
F P A Y M E N T I S O P E D

Utility Bills

H I K I N G L I Z A R B T W
S T U N O C O C I T O X E S
H W B B O R A B O R A P O T
A D E I T O U R I S M D H R
M N A E T R O P I C A L X O
M A C L X I A A A B U R A S
O L H E X C H R R E B R T E
C S E V I D L A M P A E H R
K I S A B K B D T A B A A E
Y B M R H I B I S C U S I N
A A E T I I U S W S C Y L I
J H W R I S W E P E Y G A T
A A F A M V A C A T I O N Y
L M W I T U B I K I N I D X
U A W J J E D U T A U N A V
H S B A L I G A N T I G U A

Tropical Paradise

W S E N V C W S Q R E R L B
Z R E W O L F F E U I U O O
W D L I G H T S I A E N V U
S E N O R E P A H C E E E T
T O F U C O U P L E S T N O
H E T R B R M U T T A A U N
E L X O U R O E M D R K E N
M Q M P H C E M M U E I O I
E I J N E P C M A D A N C E
L G L E S N J T M N T G I R
P C A G W U S U Q U C S Z E
U A M S N E S I X I C E Q N
N D R I R I L E V H A N S N
C R O T C O D R O E O I O I
H R F U Y O C O Y D O O F D
P S A T A B L E S S E R D O

Going to the Prom

D D L E I F F R O T O M A W
X V T I C U R R E N T E O E
R C E L N R Y T I L I T U N
T I O D O E U H S U U E T I
O T L U I V S O C U C R L G
U A H G L S C B S T R A E N
T T E G U O O I A E I G T E
A S A G I L M N T T C W E N
G P T B A L P B N E T O S E
E O P U I T U E G E N E S R
S W E L E C T R O N S G R G
H E I B I O E A G E A U A Y
O R P R P A R C W I C O O M
C O R D E I N D U S T R Y H
K O C O N D U C T I O N O W
A Z R O T S I S E R P M A F

Electrical World

B E D J M L H S I D S Y O T
A K N G M L R E K O R T S B
T D H O N I G L E A S H H R
H R O A O I I C Z B A C E U
E R E P I T Y N I M O B L S
G E T T T R G A P L G X T H
L F A E C I B O L N I A E O
L G R V E T O A I P E M R T
C I C P F S R N L R D E H S
U A N M F O I I T L C D U W
E R T E A A O C M A F I N O
S S E N R A H D R M G C T H
C P U T I S P R L E I I I C
O A H O U P I T Z W X N N D
O Y H H M E K I B B L E G M
P W S T R I N G W A T E R T

Cat Care

B S K S D S Q G K O O B X M
D P T O W E L N S N A Y A K
Q T O E Q O A E O U I U S G
M W N F S L N G G T H Q B L
X C A S B A R E T T E L U Y
V S O P L A U C R O L O C N
M R S P P H O Q S L L O D N
L O N H Y A J F D D I H R N
V P N R T T O S F E M C A J
D U E E R A S E R I S S W S
K L D B Y T B S T A C K H I
S P O I Y N T I S S U E I Z
S F U F K W R I T E E P T E
H X U C H Y W R V T G T E T
F X S B I L E S R V M A E R
H J U D G E Z A T W R A P Q

Paperwork

V T E K C A J T H E R M A L
F C S R L A Y E R S S I N O
S T N A P A R K A T I T O O
L Z B N U Y B D H N S T R W
A F B W L E O G I L S E A O
C L H O L L I R I G U N K J
K A E D O T E P U T A S F Q
S N A U V T P G U D A N L M
W N D H E E S R G M R H E U
E E B O R H T A B I U O E F
A L A S H L D O O H N J C F
T F N B E A N I E H L G E Y
E R D N L T I U S W O N S X
R A E W R E D N U G N O L T
G C O A T A V A L C A L A B
K S K C O S T S E V B H A P

Warm Clothes

T H I D D E N W A S G I J E
H E T P I C T O G R A M M G
R T S S E H C R I B B A G E
C E A T E L D D I R G G E R
R Y B M A R G A N A N I O U
Y L B M E S S A S I D C M T
P R R V U I C M K N L T E C
T E P E I N I C T T A R T I
O D K E D S O L V E B I R P
G N N P N L U S U A Y C Y I
R E I H R C I A M S R K I E
A B H E I O I W L E I V N C
M D T F T E B L E R N O G E
C N F C I G O L J B T T N S
I I U Q U I Z Z E S H Y A S
D M B F M E N I G M A Z E L

Puzzle Fun

D P H O N O R S A V I N G S
S S C H O L A R P L A N O U
G R C H O I C E S T N A C O
E N E I C H I L D R E N T I
N L I W E P R O F E S S O R
I R P K S N C I Z T R U P U
U E A O N N T N S G O D U C
S T O E E I A I V S H T S O
E U K N L P H Y S I C I A N
N P W G M A T T I T U D E R
O M A I H A T R E P X E L I
H O H N C N O C L A F L G T
P C L E R R I U Q S C A A O
J W G E G E L L O C E H E B
O I P R O D I G Y H G W E O
P A R R O T C Y L A W Y E R

Smart Things

B O D Y T L R G E N E T I C
A E F I L L N E S S M Z S O
C H T L A E H A R M F U L L
T M L N U C L E U S R Y A O
E L B I S I V N I I R L E N
R R M A V I N E V E G R V Y
I E E S D E R F V A E S O A
A S C H I O U O E H R L L K
O E O I P N C N P C U A U S
Z A S S G S A S Y S T M T I
O R Y I I R O G C M L I I C
T C S D B M O I R A U N O K
O H T M T L E E B O C A N N
R H E A O N G D I S E A S E
P M M I C R O B E L L A M S
G U B E R E T A W Y D U T S

Microscopic Life

S H I P P I N G T E K R A M
C F W W Y L B M E S S A R T
I X E L P M O C M K L B E H
T T I Q L H H S P C A U S I
O X O F U P O L L U T I O N
B Y P O P I A L O R I L U D
O I E R L N P I Y T P D R U
R I R K T S Y M E D A I C S
P N S L A C I M E H C N E T
R J O I B O O T S N E G S R
O U N F S L A I R E T A M Y
D R N T S M R O F I N U T S
U I E N O I T N E V N I R T
C E L T E A M W O R K E R S
E S U O H E R A W R O B A L
D A E S U P P L I E S I O N

Manufacturing Plant

Y S D U O L C O L O R S Q Y
F W T S A E F C R O P S E X
S E P U M P K I N C O L P B
Y A A S N F T W A D P H R G
R T B E M T O S G P A A C H
E E O V O R S O A C N T O S
D R O A B R H E T C O S O A
I S T E K C A J H B R A L U
C C S L U O Y E E C A E T Q
R H A R V E S T R A W L V S
I A I C B N T F I E L D L O
S N U L E R A G N I T N U H
P G I T L O C J G L O V E S
X E T A U C K I D R U O G R
W I N D R M A I Z E K A R L
M A X C E G N A R O H Y Y V

October and November

H M T W B F A M O U S R Y P
O O E H I N T A R A B O H T
U R V U O E T D V L C O T R
D R I I G M C A I E H S R U
I I T O R S A M L X U E O E
N S C F A S F S L A R V W L
I O E X P E R I E N C E S I
C N P D H R A K W D H L W W
P H S Z E G N O R R I T E H
E N R R R N K O I A L S N I
R E E O M O L B G H L I O T
S T P H N C I O H I B C F N
O T E T E I N S T E I N S E
N I Z U S A C C O U N T B Y
A R T A P O E L C A N D O R
L W F I N F L U E N C E J J

Biographies

R S R E D L O F T A B S S J
R E I P O C D L L A B E L S
E P A O R G A N I Z E R K N
L O H R E K R A M P O O D E
A L C Z R E L U R T O R T S
S E V I S E H D A B B E A T
T V A A S H O L E P U N C H
I N R E P B U T Q S K N K G
C E E T I C O C U N K A S I
S S M S L N O A I E U L G L
N C A A C M E L P P A P E R
O A C P P A M E M O B O O K
B N N U S R E N E T S A F F
B N T E P A T D N T O N E R
I E L W S P M A T S M R O F
R R B O X E S R O S S I C S

Office Supply Store

Z L C B B P R O X Y A H O O
J Q L C I D R O W Y E K T K
L C I P O T F C L L A H P F
X H C R A E S E K B E W A I
T Q K D R S G O O G L E G D
A M V I S U C O M P U T E R
B V F N A O K R O W E M O H
L K S T F M C A C H E M W V
O B E E A P A B P E W M O C
G V I R R S S L M P E O D D
S O K N I T U O W P S B N Q
E P O E G I R O Y A F I I A
T E O T G H F T A K R L W V
I R C R C Q E N I G N E F M
S A D S T O R E S U R I V D
V I D E O S W E N G J W L O

Web Browsing

W I T C H E S E M A G U I S
T F O G G Y V B L A C K H K
R P A K O O D I M S K L C N
E W Q R B C O S T U M E N A
A I S A L G O D S S S B U R
T C K D I F F B I K E I P P
S K C A N S I M W E S F C C
Y E I N M U T U A E S A S P
D D R D E L K C A C B C M S
N V T C S E I R E E A S O P
A P S H A D O W Y U N B O I
C E G N A R O L L T S Z R D
L S C A R Y V D W H H B B E
S P O O K Y R I J V E G Z R
S I H G H O S T N G E V I S
E M O O N A M Y E G O B E N

Happy Halloween

Y L H B R O O C H Y N I H S
B R U D U F B A R A I T C U
U A G L O S C R V N S E T P
R E M A M D R I A E A C A E
M P L R A N O N L C M N W N
F Y A E L O W G J K E E I D
A H J M G M N Q O L T L D A
C S E E T A R A C A H U E N
E A H V B I N E H C Y P S T
T L D E D D U T S E S O I E
H F D A E F N S I L T Z G L
G N I D D E W E L K E A N K
I N A G S S H H Y R N P E N
R J R E K O H C T A R O R A
B Y R O V I S I S P A T N B
Z P S I L V E R S S G O L D

Fine Jewelry

B N O I T U L O S I S E H T
R E W S N A F I L T R A T E
A M A O Y S E A R C H I N G
L I E K O D C O M P O U N D
A C P U E Q U A T I O N S E
B E O T Y R O T A R O B A L
R P C O N C L U S I O N E W
A S S D R E E F T G Q M E O
T P O N A W M A D U P S C N
P R R I E S U I E I A T N K
E E C L L L S S R N H C E C
C P I B A C T I A E E A R L
N A M V O I C L O A P F E A
O R E V O A Y R R P L X F S
C E E N L Z Y G N I K E E S
P R O B E S T N E G A E R H

Scientific Investigation

T A F F Y A J B S K C A N S
A T H S T R A T S H K I V W
X U C T N A D N O F V F B E
I N T M A E R C S Y H R G E
C O O K I E O E E W C O L T
I D C S E L K N I R P S A A
N Q S X A A O G N G Y T Z P
G S R T C H N L W U L I E C
K S E R E I B T O T L N S A
M Y T N D S O Y R A E G H N
A R T D I F S U B E J Z E D
J U U P F L F U P A S T R Y
U P B E E F A S O D A S B O
I Y E G L C A R A M E L E H
C E R E A L L C P I E B T D
E F S E I M M U G F U D G E

Sugary Food

A M G O D I D E A L I S M O
G L O B A L I S M D E I S M
R E L A T I V I S M S S I A
E Y M S I V I T I S O P N C
E Q S M M S I H C R A N A T
K A B S O L U T I S M A M I
M E N I M S I X R A M I U V
S S I C D U A L I S M T H I
I T H I N D U N P X G S M S
N H I T P R A G M A T I S M
R E L A E G A W E N F R I S
E T I N M S I N O D E H U I
D I S A N C I E N T I C R E
O C M F R E E W I L L S T H
M S I L A R U T A N E Z L T
S W M S I L A G E L B Q A A

Being Philosophical

Q D Y O Y F O D P T L S B P
R B E B G S O I E W S L T Y
O K R A P W P C F D A E A E
A E U O N E H E R D M E R F
D N G H O N N A E L O H O N
K N I R I D W S E D L W U W
Y L F Q T K N H S D A P T O
L E U D C C L I T U L F I N
A E K A E U S K Y D S L N S
O S B C T P B A L A N C E P
G I L K O S I D E W A L K M
G C N R R H J G N I C A R U
P R T L P M R I D R A O B J
M E P A I R S F I T N E S S
A X S P I N S C R U O T M B
R E L L O R E C I I O U V K

Skating

N S C S T N A L P U C A E T
S E H S I D R A W A N I H C
L A T S Y R C H B U B B L E
I U P N G K O U Y S M I L F
P D T L A N T N E M A N R O
O A S G I T I I G T V S T C
T N E F E N B L G D D R M J
T D N R L A G C E R A M I C
E E F A B E L L I E A I R O
R L F I A F I B H G F Q R B
Y I L L K C R U M B L Y O W
E O O B A N T I Q U E A R E
D N W T E N I R U G I F S B
I F E B R I T T L E V O L S
R N R O B W E N L A M P S Z
P W I N G S M O T H V A S E

Fragile Things

P M M R L A B U R C S Q Y K
O Z U I X K W V H W A S H S
R H N R T T C E T O R P W A
E E Y P E R O X I D E F R M
S K X D D S S N I M A T I V
L B Z F R A M N Z Y P Q N M
W O L G O A E P I S A N K G
R T S E P L T H I T O E L E
E O S S M N I E K M S G E N
M X N R E I C A D C P A S T
I C L E A N S E T R A L L L
R L O T M C D H P E E L E E
P A T I E I S E P A N O B O
K Y I N U Z G I R M N C I L
D G O O M A K E U P M L A B
K T N L H H S A R E D W O P

Skin Care

R E Z E E R F W E A T H E R
J C E R E I C A L G Y A Y S
I I T U Y C R I S P V R S D
C L O T H I N G O A E G A C
E K F A A N X T L P S N H M
V L R R I X H A P R G I S W
E F O E L E N I O E L R R M
R M S P R C L O R L C E A K
E D T M H S D O Y N O V H G
S R I E M T U F P Q B I I K
T A C T U S U B F H I H K Y
A Z O O L G I O I R T S Y P
C Z A I R E B I S E I R C P
W I N T E R U L E R N G O I
I L S T O R M L B T G G I N
M B Y P K H S U L S N O W D

Freezing Cold

H S E L U S P A C N I Z G P
Y H U M I D I F I E R R A U
D C T P E L G R A G E S R O
R E O M P L A E T H U Y L S
A I C U R L C S A E C T I E
T K L O G A E L B A A I C G
I E I O N H W M L T L V O N
O N N I O G D B E I Y I M E
N I H N I O E R T N P T F Z
P C A T T O P S O G T I O O
E I L M A D U O T P U S R L
E D A E X B R A W A S O T A
L E N N A O Y K V D N P E V
S M T T L O S N I M A T I V
R E S T E K N A L B R O T H
V A P O R I Z E R O T C O D

Get Better Soon

B U R C S H S U R B A T H E
E P E O F S H S A W H R Y J
Y C T A Z P O O D R I P G X
D U A E V A H S T N Z T I W
D N W F K P R E S S U R E H
A E R U T A R E P M E T N W
C L G F R E S H E N U P E S
U R D L O C H T O L C X L I
R E F R E S H I N G F O V N
T H M R A W T S M O T R A G
A T R E V I T A L I Z E P S
I A Y Q D E N I O E L L O P
N L D N A G A N V C G A R V
N U O M W T E C U A F X I H
H C B U E R U T S I O M A P
R Q L H W F X H M K P N H U

Take a Shower

I D J P G N Y H P R E E B R
X L T G O M W O H R T U A V
Q B O E N E R G Y T P K N E
V B N U L I K S C R O W D V
F P F M E A C I S V E O H K
O A M G B O U N C E R L B W
O H S I N R A G A J V O A X
D C E K X V T L H D T E O X
B V S Z N E V E H T F B N E
A J S I X I R S L J E F I T
T S A E D D R E M K L R G A
F L L D N O S D U I A I H D
A O G I U I Y J G B T E T U
R O U Q I L L H S U E N A O
D T B R H Y T H M L O D E L
E S P I T S P S O C I S U M

At the Bar

Z H A W S E A R C H P E K T
N J T C O P Y F D K R S D I
F Q A E F E Z I S O P S T D
I D D Y T Z R E T R I E V E
E I P R W V C S O G A C M R
V S T A A U U G M A C C R A
A C X N R A R S E N D A E H
S D E I E A R C H I V E C S
R W T B M X T D O Z R P O K
E Y O O U C O E H E W O R D
D T O D E W L A T I G I D U
L A E T N E M U C O D Z S N
O U O L T I P E V I R D A D
F R O Y E M W K Y R O M E M
P A B J O D E B O P E N X N
D B A C K U P I Z N O U Y X

About Computers

T G Z X S Y Y R W U D I H D
H D U O L C F O S U S E J H
G Q U O T A R B M E R C Y K
I L H R T S G E L I J A H S
L Y K H H O P S E E D R C A
G E E I L S P R N D S G A C
A R P D N H A O A L S S R R
T O E S O G C S Z I H O E E
E N Y U O H D S C A S E F D
S K S U N G F O R E V E R A
S E A A J I Y M M O N A E E
I P V N I H O F L I W D E D
L P I F G N J N A E C A E P
B M O R Y E T Z R I O H C M
C O R K I H L S V Q T W W P
E N O R H T H I Z A R H W P

Heaven

D F V M E T A L E P E R T S
L I M S R E K A E P S C L G
O E O C I N L A N L A E C N
H L N I C K E L O R E U W I
C D H S X E D A T T R S A L
R I F Y E V R T S R E E N I
A J H H C I A P E Y T F E F
B E T P N T C N D G I U G E
H T G P E I T L O R S L A R
R I N V I S I B L E O I T R
K R E Q C O D R S N P R I O
A R R B S P E T Q E P O V U
V E T M I C R O P H O N E S
C F S E R O C O M P A S S Y
L M J Q N L L U P R H J X O
J X V G D E M C K A I Y T T

Magnetic

R E F F O H Y Y R F L G J K
E D A R T E C L A U T R I V
V L S R Y D H G E T B O N P
Z O E L N G A H B U Y S V P
G G L G N I P P O R D S E O
B N L U N N N H N E C R S Y
T I W T M G R G D S C T T K
H S H A R E S I S E O E H O
G I E V R U C H N R A N H T
O R D C Z A R T O N R L X E
P U B L I C H N I Y E A E K
G N I T A R T Z T S T U D R
J S T N I O P I P E U T N A
S T O C K S U W O L R U I M
D E B K Z Q A D S A N M E Q
S P X D E T S I L D L E I Y

Stock Exchange

M B G U C O I N S D R A C G
J O O N N O T E P A D S A T
H O N T I V T H G L U E M P
S S R E T R A U Q W P C E I
U M T O Y L T S R E S A R E
R A S E T E E S N I P L A C
B N S W N A I L F I L E Y E
O U N S E G L C R A Y O N R
O A I C H R A U L H E H S E
K L K I J H C M C L K S E T
S S P S F L A S H L I G H T
R C A S E I R E T T A B C U
E N N O P S E G N A H C T L
L M R R A L L O D Y D N A C
U U I S C R A P S S E M M O
R G K D L O T Z K Y A R N D

Stuff

S S E W O R P U N I Q U E B
P I S T F A S H I O N A I P
E N Y E R M P E R F O R M E
C N Z H N A C T I N G C K S
I A L T Y T H G I L T O P S
A T A G T H I A Y T C M R E
L E R N I G T F C O U E I N
L V U E R R I G N C W D D T
I I T R E M A F E A I Y E F
K T A T T S I T T B N S R E
S A N S X D F H E I N T U D
T E F I E X L E P L I R T M
N R P N D E A A M I N O R S
E C C G T U I T O T G P U H
G E N I U S R E C Y Y S N O
A E C N A D W R I T I N G W

You Are Talented

C M Y S T E R Y E R N E G C
S F R R S E V L E H S O N L
E I A O D R E I H S A C I E
I C R M N A U T H O R G N R
V T E A R E M O T S U C G K
O I T N J S R I A H C O I E
M O I C B R M D A E R F S M
A N L E O I P U L P B F R I
G P Y R E V O C S I D E E R
A L A N G U A G E I H E T C
Z P G N I S W O R B C C I D
I B R N S C I S S A L C R R
N O T O J Y R T E O P X W A
E O G V F R E L L I R H T M
S K S E D I F A N T A S Y A
F S E L B A T S K C A N S C

Bookshop

E S T O O R W S L C A J T I
C Q D V H S E A D D A L M F
P A I N E C R N J F A P C F
R M E T A L U U I V L F S N
G D A R D B S X O A Q Y E E
N L B T G T S M N B T R X R
P S N E E T E T B D A E T U
E S G N A R R N R L O G R Z
R A R E R U P T I O N R A R
I L E R E T L A D M A U C P
W I S D O M U G G E A S T S
N G U L S I L V E R V X T M
U N L I M P A C T E D I E I
M I T H T U O M N W O R C L
B A S C I T S A L E T I B E
E R C E R X N Q K S G E A M

Orthodontist

L A T E M R A L A T C H B B
G O L A N A C N O I H S A F
Q U A R T Z H R M I N U T E
H H V E L D C T Y E M I T W
O C P K W E T L L S R A E G
U I E A O S A V I A T O R S
R N G M R I W T R G W A Y E
D O N H K G P N H O H J L C
N R I C M N O L U E L T F O
I T T T A E T N A M R E E N
W C T A N R S L O T B D X D
E E E W S M O O L R I E H C
C L S D H N S D N A H G R L
A E L B I T C E L L O C I S
F O O R P R E T A W B A N D
G S S R I A P E R E V L I S

Wristwatch

K Z N G H C T A B I T T E R
Y R O V A L F H N Z I L E H
R R E C I P E O S K A B A K
T E E W S S I M W Z M M B J
W J G R I S T E A A O A O J
A L G A U F R M D R A F T Z
T T A F L B S A A Y A O T O
E N N D E Z I D I X O C L Z
R I S E J B S E M Y Z N E G
D A E M M A D Z T A E H B E
H R G B E R E P P O C A S K
Q G S U E L E T S A T G S E
T U O T S E L F R D G R K T
W R L P Q Y A I U P O L A A
L I Q U I D S P O H S A M T
F N Z I H D B T S B N F R A

Making Beer

S C L D P Q U J M G Z L L Q
S L V I P O K E R E G A W H
K P I E L B U O D E L A H W
I W I M S I G A M E W C S I
L E C H O U F N I L L A P E
L A X A C U I E I N L E R Q
K L F P R I S T S D T T I D
C T E S E D R I E T N T Z B
A H B P D N S Q N S Y E E U
J U G A I B S U U E L L P Y
K F O R T U N E U Y Y U E S
C J A C K P O T S E J O C E
A C A D B E T T I N G R X K
L A N O I S S E F O R P E A
B S H X T C A J P M O C Q T
I H O Y O S E R I S K Q T S

High Rollers

I T I P S B R A T R A T D V
F R E S H C A E L B G Y R B
W I S D O M B C T C G A I R
G T S I T N E D T H S C L U
E U B E D I X O R E P E L S
L E M A N E W T I W R D G H
I I T S K S U T H I I I P S
M Q H N H I I G I N N R A I
S M Y Y E V N T N G S O S L
S I G C A N E G I O E U T O
E R I C L E A V S V T L E P
C R E Y T N I M U O E F L N
A O N H H T A E R B D A B W
R R E N I A T E R E Q A G O
B R I S T L E S F U P D E R
R E T A W H I T E N A E L C

Brush Your Teeth

T T A B L Y U M M I E S T A
S S S N U O N C P F U O S S
E F E E G S W O F C Q D E M
G X L I D R I E I I U V L A
N I A G H N I E S S A S L R
U P R E T T I E S T I M A T
O D G N T E L K S T N E M E
Y U E T T S E A G T T L S S
L L S L T S E R E V E L C T
F L T E H S E I I H S I T S
A E O S G A E T N E T E S E
T S E T T E W B R N S S E N
T T S E I P P A H O U T S N
E O S H A R P E S T H F I I
S T S E I H C T I L N S W H
T S E T S A F B I G G E S T

Superlatives

E Z B E R U T I N R U F K U
S L S D N I W D O O W Y L P
U T W S T T P O R C H A I R
O S O O A O B O O K C A S E
H T Q O B T E R A I L I N G
P A D D L E D A E N J Y P B
S I G N L M P T O G R I O D
Y R T T A P O I N H N A R N
O S E V B O S U A O T U B U
T J N S E L T G C R M B L O
K C I T S E L C I S P O P R
F L B A A E H S T E W X R G
L O A N B I R I E C N E F Y
E C C D O K C D C H E S T A
H K D E S K H G I E L S G L
S R E T S A O C F R A M E P

Wooden Things

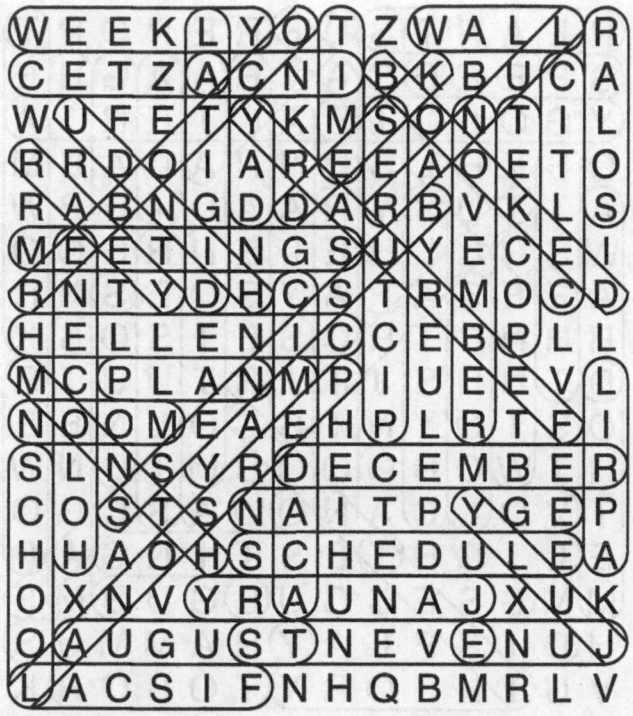

Calendars

Suburban Life

Summer Clothes

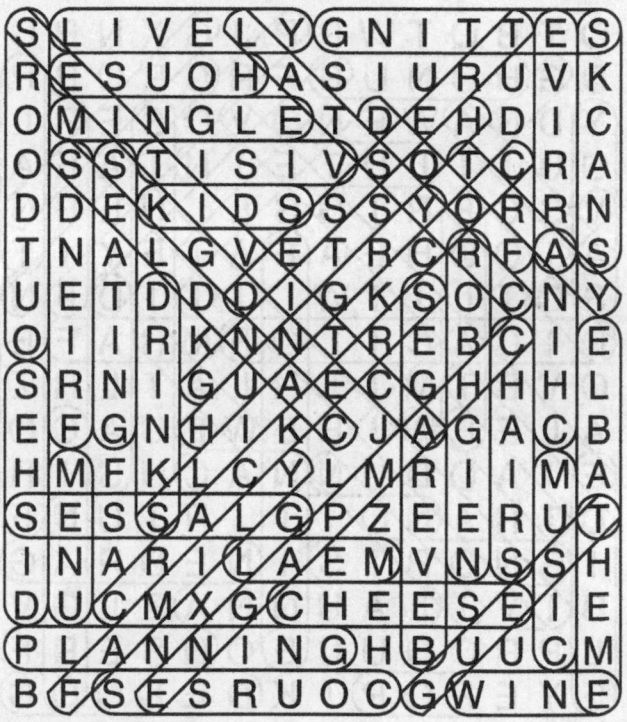

Dinner Party

Q S P H Z D S I N K Z X S W
R E H S A W R I R V B N A G
W L O O T L A T E M A T O A
B E I K W R T S T K E L U Y
C M N J D E D N E R C I V L
T I S T C P R W B W U L F E
W R T U O A Z K L U A C V A
W O A S K I L L E D T G K K
T F L D A R S E R V I C E M
E E L F E L G U N I F O R M
L A K H R L P U Y L P P U S
I N Q C R E G N U L P R S E
O K M N U A V N O H P I S P
T N F E S B L O C K A G E I
H A I R S R A E R A T O R P
L T X W T S U R V U J K P B

Call a Plumber

P L A N T S D F R E P O R T
S P E E D C A I H A A G R E
Y G O L O I B A C T E R I A
O S K H L S H N R A D A B M
A I T U S Y R A A D I P B W
W S R C L H E L E N R H O O
A E E S A P A Y S O E S N R
R H N C T R C S E I S O S K
D T N H S J T I R T U U T R
O S I O Y N I S C O L N E E
H T W O R G O O B M T D N W
T V O L C A N O W A S C G O
E L I G H T E S T I N G A P
M M S S E C C U S G U B M F
H D I S P L A Y R A M M U S
V U T H E O R Y T O B O R K

Science Fair

O T B Q T W P P J G X N P C
D G H C N U B F R C R O P P
Y D N A W E N O V O S E R L
O U I I L U T E I N T A E A
V S C F R T G S L L N E B N
A I O O H E A F A T E Y I T
S O T L T T W L I T I D F N
D I C A C I L O F M R A F E
O V B T M T X R L A T L R Z
A L E E W I H E W F U A C O
E I A O D U N N A C N S I R
D T R A N O I T I R T U N F
I G N O R T S I N E D R A G
B T V I L A U N N A Z L G V
L P R O D U C E O H S E R F
E Y E P O P I K D E K O O C

Eat Your Spinach

S E C R E T J P A D N E G A
H T H O U G H T S A T R W G
P D R A W I N G L A E G O L
W P O R D C S P V V L L R D
C O N F E S S I O N T C D R
R E I A T F R C G S H I S E
U T C N C P L H A R G L L A
S R L T E Q A E C E I B A M
H Y E A T L N R C T S U O S
W R V S O P R I O T N P G D
R A E I R A U S U E I N R N
I I N E P S O H N L I O G E
T D T S T S J E T L C N N I
E A S Y L I A D E E D I H R
D N O I T O M E R S R A E F
B O O K H N F A M I L Y T A

Journals

L E M R R O L O C I R B A F
E S L M O D E L C N I E Y E
R M I N E D V A W T C Y C I
U W N L A A T I O E D A H S
T A E E K W J R L N L X D H
X U R W A S I E S S B U C C
E H C L A G B T P I U P O T
T M K N I R Y A A T T J T I
A S U N I L D M T Y T O T T
I E A T E U Q I T U O B O S
L L Y R S D Q H E X N L N T
O F A E K O E E R E S L N R
R F W N E M C U N A Q I V I
T U N D T B O W S N T K T P
K R U D C S E L P M A S T E
D L R Y H S Y R T E M M Y S

Fashion Designer

G E L B I S N O P S E R M O
D N C O R R E S P O N D V R
T E I N I M P O R T A N T G
E P T K A E L U D E H C S A
L R E A S M E T I L O P S N
E O E N C A R D T N W S C I
P F Y C I I T O F S I O R Z
H E O O E M D I F S O F E E
O S L M V P D E T R I M T X
N S P P I E T A D L E D I E
E I M U N K N I I M U P R C
C O E T S T N N O S R M W U
A N I E F A G M A N A G E T
L A D R T E T A T C I D P I
L L C O R P O R A T E S Y V
S A R C O M M U N I C A T E

Administrative Assistant

H A R D Y G R E N E V J F X
A N I M A T S U B O R O D L
G E X E R C I S E N U M M I
I L F C M B A L A N C E N V
L C C N G R E L A X E D I E
E S L A R E N I M T A E A L
N U L R L P R O T E I N R Y
O M E U R M E L I R I V B R
B C W D C P M U I C L A C E
L M H N E V V I G O R O U S
D I C E S T R E N G T H R T
A W L P C F T E I D A B L E
I S W A L K I N G R A I N D
R W O R K O U T G N O R T S
Y D R U T S S P O T I U R F
F N I M A T I V J S X T Q G

Good Health

We Have EVERYTHING® on Anything!

With more than 19 million copies sold, the Everything® series has become one of America's favorite resources for solving problems, learning new skills, and organizing lives. Our brand is not only recognizable—it's also welcomed.

The series is a hand-in-hand partner for people who are ready to tackle new subjects—like you!

For more information on the Everything® series, please visit *www.adamsmedia.com*.

The Everything® list spans a wide range of subjects, with more than 500 titles covering 25 different categories:

Business
Careers
Children's Storybooks
Computers
Cooking
Crafts and Hobbies
Education/Schools
Games and Puzzles
Health
History
Home Improvement
Everything Kids
Languages
Music
New Age
Parenting
Personal Finance
Pets
Reference
Religion
Self-Help
Sports & Fitness
Travel
Wedding
Writing